JOURNAL DE STEFAN

JOURNAL DE STEFAN

TOME 2

D'après les romans de L.J.Smith et la série télé
développée par Kevin Williamson et Julie Plec

Traduit de l'anglais (États-Unis)
par Aude Lemoine

hachette

Traduit de l'anglais (États-Unis) par Aude Lemoine

Photo de couverture/Key Artwork :
© 2011 Warner Bros. Entertainment Inc. All Rights Reserved.

L'édition originale de cet ouvrage a paru en langue anglaise chez HarperTeen, an imprint of HarperCollins Publishers, sous le titre :

Stefan's Diaries: Bloodlust
Published by arrangement with Rights People, London.

© 2010 by Alloy Entertainment and L. J. Smith.
© Hachette Livre, 2011, pour la traduction française.
Hachette Livre, 43 quai de Grenelle, 75015 Paris.

PROLOGUE

Les poètes et les philosophes que j'affectionnais tant autrefois avaient tort. La mort ne vient pas à nous sans exception, de même que le temps qui passe n'endort notre mémoire ni ne réduit notre corps en poussière. Parce qu'on avait beau m'avoir pris pour mort, avoir planté dans le sol dur et froid une pierre tombale gravée de mon nom afin de symboliser ma fin sur cette terre, en vérité ma vie ne faisait que commencer. C'est comme si toutes ces années j'avais dormi, sommeillant dans la nuit la plus sombre qui soit, pour finalement me réveiller dans un monde où tout était plus éclatant, plus sauvage, plus exaltant que tout ce que j'avais pu imaginer.

Les humains que j'ai connus poursuivaient leur quotidien, tout comme moi auparavant, et dépensaient leurs jours comptés à faire le marché, travailler aux champs, se voler des baisers une fois le soleil couché. Pour moi, ils n'étaient plus que des ombres à présent, aussi insignifiants que les écureuils ou les lapins qui gambadaient dans la forêt, insouciants ou presque face au monde qui les entourait.

Moi, en revanche, je n'avais rien d'une ombre. J'étais entier... et imperméable à leurs pires cauchemars. J'avais conquis la mort. Mon séjour dans ce monde était fait pour durer. Et, en tant que son maître, je disposais de l'éternité pour le plier à ma volonté...

1.

C'était le mois d'octobre. Les arbres du cimetière avaient viré au brun défraîchi et un vent froid s'était levé sur la région, détrônant la chaleur étouffante de l'été en Virginie. Toutefois, je percevais à peine ce changement de température. En tant que vampire, je ne détectais que la température corporelle de ma prochaine victime alors que mon propre corps se réchauffait à la perspective du sang chaud et frais qui circulerait dans mes veines.

La victime en question se tenait à quelques mètres seulement : une fille aux cheveux châtains occupée à escalader la grille de la propriété des Hartnett qui bordait le cimetière.

— Clementine Haverford, que faites-vous ailleurs que dans votre lit à une heure pareille ?

Mon approche taquine et détachée était en contradiction totale avec la soif qui me rongeait de l'intérieur. Clementine n'était pas censée être ici, mais Matt Hartnett avait toujours eu un faible pour elle. Et, bien qu'elle soit fiancée à Randall Haverford, son cousin de Charleston, la réciprocité du sentiment semblait évidente. La fille jouait déjà à un jeu dangereux, mais elle ne pouvait se douter que celui-ci se révélerait fatal.

Clementine plissa les yeux dans la pénombre. Je me rendis compte, à ses paupières lourdes et à ses dents tachées de vin, que la nuit avait été longue.

— Stefan Salvatore ? s'exclama-t-elle avec un sursaut de surprise. Mais vous êtes mort !

Je fis un pas vers elle.

— Vraiment. Là, tout de suite ?

— Oui, je suis allée à votre enterrement.

Elle pencha la tête sur le côté, pas si inquiète que ça en apparence, finalement, car enivrée par un trop-plein de baisers et d'alcool.

— Suis-je en train de rêver ?

— Non, ce n'est pas un rêve, répondis-je d'une voix voilée.

Je l'attrapai par les épaules pour l'attirer vers moi. Elle s'abattit contre mon torse et l'écho des battements de son cœur résonna violemment contre mes tympans. Elle sentait le jasmin, comme l'été passé, le jour où ma main avait effleuré le corset de sa robe alors que, sous le pont Wickery, nous jouions à un des jeux de Damon dans lequel il fallait s'embrasser.

Je caressai sa joue du bout du doigt. Clementine était la première fille pour laquelle j'avais eu un faible et je m'étais souvent demandé ce que je ressentirais à la tenir ainsi, dans mes bras. J'approchai mes lèvres de son oreille.

— Disons plutôt... un cauchemar.

Avant qu'elle ait le temps de réagir, j'enfonçai mes dents dans sa jugulaire et poussai un soupir de contentement au moment où le premier jet de sang recouvrit mes gencives. Contrairement à ce que son prénom aurait pu laisser présager, le sang de Clementine était loin d'être sucré. Son goût, fumé et amer, faisait davantage penser à du café brûlé à cause d'un fourneau trop chaud. Néanmoins je bus avidement, jusqu'à ce que, sous l'effet de mes aspirations goulues, ses bruits plaintifs cessent et son pouls se fonde dans un murmure. Entre mes bras, son corps s'avachit et, dans mes veines et mon ventre, le feu s'éteignit.

Toute la semaine, j'avais chassé pendant mes périodes d'oisiveté, ayant découvert que mon corps requérait deux repas quotidiens. La plupart du temps, je me contentais d'écouter le flux du sang des habitants de Mystic Falls, fasciné par la facilité avec laquelle je pouvais le prélever au besoin. Lorsque j'étais passé à l'attaque, j'avais pris mille précautions, choisissant pour proies des pensionnaires, de passage en ville, ou des soldats basés à Leestown. Clementine était la première de mes victimes à avoir figuré parmi mes amis – la première qui manquerait aux habitants de Mystic Falls.

Je sortis mes crocs de son cou et me léchai les lèvres, prenant le temps de savourer chaque goutte. Ensuite, je la traînai en dehors du cimetière jusqu'à la carrière où mon frère et moi nous étions installés après notre transformation.

Le soleil pointait tout juste à l'horizon et Damon, assis mollement au bord de l'eau, scrutait ses profondeurs comme si elles renfermaient le secret de l'Univers. C'est tout ce qu'il faisait, jour après jour, depuis que nous étions devenus des vampires, une semaine plus tôt. Il ne se remettait pas de la mort de Katherine, la femme vampire qui nous avait transformés. Bien qu'elle m'ait changé en créature toute-puissante, je célébrais sa mort, au contraire de mon frère. Elle s'était jouée de moi, me prenant pour un imbécile, et penser à elle me rappelait à quel point j'avais été vulnérable.

Alors que j'observais Damon, Clementine gémit entre mes bras. Si l'encolure en dentelle bleue de sa robe en tulle froncé n'avait pas été tachée de sang, on aurait pu croire qu'elle dormait, tout simplement.

— Chhh... lui murmurai-je en passant quelques mèches derrière son oreille.

Une voix, quelque part dans mon esprit, me disait que je devrais éprouver des remords de lui avoir ôté la vie, mais je ne ressentais absolument rien. Au lieu de cela, je rajustai sa position entre mes bras et, d'une étreinte plus ferme, la passai par-dessus mon épaule, tel un vulgaire sac d'avoine, avant de me diriger vers l'eau.

— Grand frère !

Sans cérémonie, je laissai tomber par terre, aux pieds de Damon, le corps presque sans vie de Clementine. Celui-ci refusa mon invitation en secouant la tête. Ses lèvres affichaient une teinte blanche qui rappelait celle de la craie. Les nœuds de ses vaisseaux sanguins ressortaient avec force sur son visage ; ils faisaient penser à des craquelures dans un bloc de marbre. Dans la lumière blafarde du matin, Damon ressemblait à l'une de ces statues brisées dont le cimetière regorgeait.

— Il faut que tu boives ! dis-je avec brutalité en le poussant à terre, surpris par ma force.

Ses narines frémirent mais, de la même façon que l'odeur du sang agissait sur moi, elle éveilla les sens du corps las de mon frère et, très vite, ses lèvres rencontrèrent la peau de ma victime. Il commença à boire, d'abord lentement puis à grandes lampées, à l'instar d'un cheval assoiffé.

— Pourquoi m'obliges-tu à continuer de boire ? se plaignit-il après s'être essuyé d'un revers de la main, une grimace déformant ses traits.

— Il faut que tu reprennes des forces.

De la pointe de ma botte couverte de terre séchée, je poussai Clementine. Elle grogna faiblement, toujours en vie, si incroyable que cela paraisse. Sa vie, toutefois, était entre mes mains. Ce constat me fit bouillir de l'intérieur, comme si mon corps tout entier s'était subitement enflammé. Tout ceci – la chasse, les conquêtes, le sentiment de satiété et l'envie de dormir qui succédaient toujours au fait de boire – parfumait l'éternité qui s'offrait à nous d'un air d'aventure infinie. Pourquoi Damon ne pouvait-il pas le mesurer ?

— Rien à voir avec la force ; c'est de faiblesse qu'on parle ici, siffla Damon alors qu'il se mettait debout. C'est l'Enfer sur terre ; ça ne pourrait pas être pire.

— Pas pire ? Tu préférerais être mort, comme Père ? (Je secouai la tête avec incrédulité.) Toi, tu as une seconde chance.

— Je n'ai rien demandé, rétorqua aussitôt Damon. Je n'ai pas voulu tout ça. Tout ce que je voulais, c'était Katherine. Et elle a disparu, alors autant me tuer maintenant, qu'on en finisse. (Il me tendit une branche de chêne.) Tiens. Vas-y !

Il écarta les bras au maximum, exposant son torse. Il suffisait d'un coup en plein cœur pour que son vœu soit exaucé.

Un flot de souvenirs surgit dans ma tête : Katherine, ses boucles brunes si douces sous mes doigts, ses crocs luisant au clair de lune, sa tête rejetée en arrière alors qu'elle s'apprêtait à mordre mon cou, son pendentif en lapis-lazuli lové chaque jour dans le creux de sa gorge. Je comprenais à présent pourquoi elle avait tué ma fiancée Rosalyn, pourquoi elle nous avait condamnés à notre sort, Damon et moi, pourquoi elle usait de sa beauté et de son visage innocent pour que les gens aient envie de la croire et de la protéger. C'était dans sa nature. Et dans la nôtre, maintenant. Mais, au lieu de l'accepter pour ce que c'était – un cadeau – ainsi que je l'envisageais, Damon semblait prendre cela pour une malédiction.

Je cassai la branche en deux sur mon genou et en jetai les morceaux dans la rivière.

— Non, répondis-je.

Je ne l'aurais admis pour rien au monde, mais la perspective de vivre seul pour l'éternité m'effrayait. Je voulais que Damon et moi apprenions *ensemble* à devenir des vampires à part entière.

— Non ? releva Damon, les yeux subitement grands ouverts. Tu as le cran de tuer la première fille pour laquelle tu as eu le béguin, mais pas ton frère ?

D'un coup, il me jeta à terre et s'approcha d'un air menaçant, les lèvres rétractées sur ses crocs, avant de cracher sur mon cou.

— Inutile de te tourner en ridicule, répliquai-je en me relevant. (Damon était fort, mais je l'étais plus encore grâce à mes repas réguliers.) Ne me dis pas que tu es assez stupide pour penser que Katherine t'aimait, grondai-je. Ce qu'elle aimait, c'était son pouvoir et la façon dont elle en abusait pour nous manipuler. Nous ? Elle ne nous a jamais aimés.

Les pupilles de mon frère s'embrasèrent. Il se jeta littéralement sur moi. Son épaule, dure comme de la pierre, me heurta, m'envoyant contre un arbre. Le tronc se brisa dans un grand bruit.

— Moi ! Moi, elle m'aimait.

— Alors pourquoi m'avoir changé en vampire moi aussi ? lui lançai-je au moment de me relever.

Mon argument eut l'effet escompté : les épaules de Damon s'affaissèrent et il recula en chancelant.

— Entendu. Je ferai ça moi-même, décida-t-il à mi-voix.

Il empoigna un autre bâton et en fit courir l'extrémité la plus pointue le long de sa poitrine. Je le lui arrachai des mains et lui tordis les bras dans le dos.

— Tu es mon frère. Ma chair, mon sang. Et, tant que je reste en vie, toi aussi. Allez, viens !

Je le poussai en direction des bois.

— Où allons-nous ? s'enquit-il en se laissant traîner sans résistance aucune.

— Au cimetière. Pour un enterrement.

Les yeux de Damon s'animèrent légèrement.

— Qui est-ce qu'on enterre ?

— Père. Tu n'as pas envie de dire au revoir à l'homme qui nous a assassinés ?

2.

Avec Damon, nous nous accroupîmes dans le bosquet de sapins ciguës du cimetière, derrière le mausolée qui abritait les restes des fondateurs de Mystic Falls. Bien qu'il ait été encore tôt, les habitants de la ville étaient déjà attroupés, le dos voûté, autour du trou béant. Des petits nuages de fumée blanche s'élevaient en tourbillonnant vers le ciel d'un bleu azur à chaque expiration de la foule – à croire que chacun des membres de l'assemblée fumait un cigare en hommage au défunt plutôt que d'essayer d'arrêter de claquer des dents.

Tous les sens en alerte, j'examinai la scène. Une odeur écœurante de verveine, cette herbe qui restreignait les pouvoirs des vampires, saturait l'air. Une couche de rosée recouvrait l'herbe et je pouvais entendre chaque goutte d'eau lorsqu'elle heurtait le tapis terreux en émettant un son argentin. Plus loin, les cloches de l'église carillonnaient. Même à cette distance, je distinguais la larme au coin de l'œil d'Honoria Fells.

Derrière son pupitre, le maire Lockwood se dandinait d'un pied sur l'autre, visiblement impatient de recueillir l'attention de l'assistance. J'arrivais tout juste à discerner la forme ailée au-dessus de lui – une statue d'ange qui indiquait l'endroit où ma mère reposait. Deux emplacements vides s'étendaient derrière, là où Damon et moi aurions dû être inhumés.

La voix du maire trancha l'air glacé, si forte à mes oreilles que j'aurais pu croire qu'il parlait à quelques centimètres de moi.

— Nous sommes réunis ici pour faire nos adieux à l'un des plus valeureux fils de Mystic Falls, Giuseppe Salvatore, un homme pour qui la communauté et la famille passaient avant tout.

Damon frappa du pied par terre.

— La famille qu'il a tuée, l'amour qu'il a détruit, les vies qu'il a brisées, chuchota-t-il.

— Chhh... dis-je en retour, ma main pressée contre son front.

— Si je devais peindre un tableau de la vie de ce grand homme, poursuivit Lockwood en couvrant les reniflements et les soupirs de son auditoire, Giuseppe Salvatore serait représenté aux côtés de feu ses deux fils, Damon et Stefan, héros de la bataille de Willow Creek. Puissions-nous prendre Giuseppe pour exemple et nous en inspirer dans notre lutte contre le mal qui ronge cette ville, qu'il soit visible ou non.

Damon laissa échapper un grognement sourd et moqueur.

— À ce portrait, on devrait ajouter l'éclair du canon de fusil de Père.

Il frotta l'endroit, sur sa poitrine, où la balle de notre père l'avait transpercé une semaine seulement auparavant. Il ne portait aucune cicatrice, notre transformation ayant effacé toutes nos blessures, mais la trace mentale laissée par la trahison de notre père, elle, était indélébile.

— Chhh... répétai-je alors que Jonathan Gilbert venait d'un pas décidé se poster près du maire, un grand cadre recouvert d'un voile à la main.

On aurait dit qu'il avait vieilli de dix ans en sept jours : des rides parcouraient son front tandis que des boucles blanches avaient envahi ses cheveux bruns. Je me demandai si sa métamorphose avait un rapport avec Pearl, la femme vampire dont il avait été épris mais qu'il avait condamnée à mort en découvrant sa véritable nature.

Dans la foule, je repérai les parents de Clementine agrippés l'un à l'autre, ignorant encore que leur fille manquait à l'appel du groupe de jeunes femmes aux mines sombres qui se tenaient à l'arrière de l'assemblée.

Ils s'en apercevraient bien assez tôt.

Le fil de mes pensées fut interrompu par un cliquetis continu, semblable au bruit des aiguilles d'une montre ou d'un ongle qui tapoterait sur une surface dure. Je scrutai la foule à la recherche de la source du bruit. Lent, régulier et mécanique, mieux rythmé que les battements d'un cœur et moins rapide qu'un métronome, il semblait provenir directement de la main de Jonathan. Le sang de Clementine me monta à la tête.

La boussole.

À l'époque où Père avait commencé à avoir des soupçons quant à la présence de vampires, il avait créé un comité pour débarrasser la ville de ce fléau. J'avais assisté à l'une des réunions qui s'étaient déroulées dans le grenier de Jonathan Gilbert, lequel avait élaboré un plan pour fabriquer un appareil permettant d'identifier les vampires ; je l'avais même surpris en pleine action alors qu'il s'en servait, une semaine plus tôt. C'est ainsi qu'il avait découvert la véritable nature de Pearl.

Je donnai un coup de coude à Damon.

— Il faut qu'on y aille, dis-je entre mes dents.

À cet instant précis, Jonathan leva la tête et ses yeux croisèrent les miens.

Il poussa un cri sauvage tout en pointant du doigt le mausolée derrière lequel nous étions cachés.

— Démons !

Dans le même élan, les membres de l'assemblée se tournèrent vers nous et nous poignardèrent de leurs regards à travers le brouillard ambiant. Ensuite, quelque chose me frôla et le mur, derrière, explosa. Un nuage de poudre s'éleva autour de nous et des éclats de marbre me tailladèrent la joue.

Je découvris mes crocs et grognai – un son guttural, primitif, redoutable. La moitié des habitants quitta le cimetière dans la plus grande précipitation tandis que l'autre moitié restait sans bouger.

— Tuez-les ! Tuez les démons ! hurla Jonathan en brandissant une arbalète.

— Je pense qu'ils veulent parler de nous, petit frère, commenta Damon avec un rire sarcastique.

Je l'empoignai et partis en courant avec lui.

3.

Damon sur les talons, je traversai le bosquet à toute allure, sautant par-dessus les branches tombées et les pierres. J'enjambai la grille du cimetière, haute d'un mètre environ, et jetai un rapide coup d'œil par-dessus mon épaule pour m'assurer que mon frère me suivait toujours. Nous nous enfonçâmes dans la forêt en slalomant au son des coups de feu qui résonnaient dans mes oreilles tels des pétards, des cris stridents des habitants qui rappelaient le verre brisé, de leur souffle lourd comme le grondement sourd du tonnerre. J'entendais même les bruits de pas de nos poursuivants ; leurs vibrations me rattrapaient en passant sous la surface du sol. En silence, je maudissais Damon pour son entêtement. S'il avait consenti à boire avant aujourd'hui, sa force aurait été maximale et notre nouvelle vitesse surhumaine couplée à notre agilité nous aurait permis d'être déjà hors de danger.

Alors que nous fendions les fourrés, des écureuils et des campagnols se dispersèrent dans les sous-bois. Je percevais leur flux sanguin accéléré par la présence de prédateurs. J'entendis un hennissement et un ébrouement à l'extrémité opposée du cimetière.

— Allez ! (J'attrapai Damon par la taille pour le hisser sur ses jambes.) Il faut qu'on avance.

Rien ne m'échappait : ni les battements des muscles cardiaques, ni l'odeur du fer, ni la moindre secousse du sol. Je savais que la meute à nos trousses avait davantage peur de moi que l'inverse. Toutefois, le bruit des canons de fusil m'inquiétait et me poussait à aller toujours de l'avant. Mon frère était faible, mais je ne pouvais plus le porter.

Un autre coup de feu retentit. Plus proche cette fois. Damon se raidit.

La voix de Jonathan Gilbert s'éleva à travers les bois :
— Démons !

Une nouvelle balle m'effleura au niveau de l'épaule. Mon frère s'affaissa entre mes bras.

— Damon ! (L'écho de son prénom résonna dans ma tête et la ressemblance avec le mot « démon », pour la première fois, me frappa.) Grand frère !

Je me mis à le secouer puis à le traîner maladroitement derrière moi, en direction du bruit des chevaux. J'avais beau m'être nourri peu de temps auparavant, ma force ne durerait pas éternellement. Les pas, dans notre dos, se rapprochaient de plus en plus.

Nous atteignîmes enfin l'extrémité du cimetière, où plusieurs chevaux étaient attachés aux poteaux en fer prévus à cet effet. Ils piaffaient, tirant sur leurs cordes avec une vigueur telle que leurs cous ressortaient, tout gonflés. Parmi eux, je reconnus un cheval ébène qui n'était autre que ma jument Mezzanotte. Je la fixai : je n'en revenais pas de la détermination avec laquelle elle tentait de s'éloigner de moi alors que, quelques jours plus tôt seulement, j'étais le seul cavalier en qui elle avait confiance.

Les bruits de pas résonnèrent de plus belle et je détachai mon regard de l'animal, secouant la tête d'étonnement face à tant de sentimentalisme. Je sortis le vieux couteau de chasse de Père que j'avais glissé dans le haut de ma botte. C'était la seule chose que j'avais emportée avec moi le jour où j'avais quitté définitivement Veritas. Mon père ne s'en séparait jamais, bien que je ne l'aie jamais vu s'en servir. Ce n'était pas un homme très doué de ses mains. Pourtant, à mes yeux, le couteau symbolisait la puissance et l'autorité que tout le monde associait autrefois à Père.

J'appuyai la lame contre la corde qui retenait Mezzanotte, mais elle ne produisit pas même une légère entaille. En baissant les yeux, je me rendis compte que le couteau n'était rien de plus qu'une lame polie pour paraître jolie et impressionnante, mais qui n'aurait pu couper un vulgaire bout de ficelle. Elle convenait parfaitement à Père, songeai-je avec dégoût, jetant le couteau par terre pour m'attaquer à la corde à mains nues. Les bruits de pas s'amplifièrent ; je jetai des regards affolés derrière moi. Je voulais détacher tous les chevaux afin que Jonathan et ses hommes ne puissent les monter, seulement je manquais de temps.

— Gentille fille, chuchotai-je à Mezzanotte en caressant son cou élancé. (Elle frappa le sol du sabot, le cœur battant.) C'est moi.

Sur ces paroles, je sautai sur son dos – mais elle se cabra tant que, pris par surprise, je lui flanquai un coup de talon si violent qu'il lui brisa une côte. Aussitôt, elle fléchit en signe de soumission et je réussis à la faire avancer vers Damon au petit trot.

— Viens, le pressai-je dans un cri.

Une lueur de doute passa dans les yeux de mon frère, mais l'instant d'après il s'agrippa à la large croupe de Mezzanotte et se hissa sur elle. Qu'il s'agisse d'un réflexe de peur ou d'un instinct de survie, son désir de fuir me redonna l'espoir qu'il n'était malgré tout pas déterminé à en finir.

— Tuez-les ! s'écria une voix alors qu'on nous jetait une torche enflammée.

Après avoir dessiné un arc de cercle dans les airs, elle atterrit aux pieds de Mezzanotte dans l'herbe, qui prit feu sur-le-champ. Mon cheval partit dans une cadence folle en direction inverse. Le martèlement des sabots sur le sol s'éleva derrière nous : nos assaillants avaient bondi sur les autres chevaux et nous suivaient au grand galop.

Un nouveau coup de feu retentit, suivi du bruit de la vibration d'une flèche. Mezzanotte se cabra dans un hennissement retentissant. Damon glissa et tenta de se rattraper en saisissant son encolure tandis que je tirais sur les sangles en cuir afin de rétablir notre équilibre. Après avoir fait quelques pas en arrière, notre monture reposa ses quatre fers au sol. Pendant que mon frère se redressait, je remarquai une flèche en bois qui dépassait de l'arrière-train de Mezzanotte. C'était rusé comme tactique : à distance, la meute avait de bien meilleures chances de ralentir notre cheval plutôt que d'atteindre l'un de nous deux en plein cœur.

Penchés, presque couchés, sur notre monture, nous poursuivîmes notre course sous la voûte de branchages. Mezzanotte était une jument puissante, mais son côté gauche primait d'ordinaire en force, là précisément où la flèche l'avait blessée. Un filet de sang coulait de ma tempe sur ma chemise. Je sentais Damon relâcher dangereusement son étreinte autour de ma taille.

Je continuai cependant à presser Mezzanotte, n'écoutant que mon instinct, sans souci de logique ni réel plan d'action. Comme si un parfum de liberté et de possibles venait me chatouiller les narines et qu'il me suffisait d'avoir foi en moi et en ma capacité à nous mener à sa source pour que tout aille bien. Je tirai sur les rênes pour sortir des bois et rejoindre le champ qui s'étendait en arrière de notre propriété.

Il y a peu de temps encore, par une matinée pluvieuse comme celle-ci, des lumières auraient brillé derrière les fenêtres de notre ancienne maison, les lampes conférant au verre soufflé la teinte jaune orangé d'un coucher de soleil. Notre domestique, Cordelia, aurait chanté dans la cuisine pendant que le cocher de Père, Alfred, aurait monté la garde, assis, près de la porte d'entrée. Mon père et moi aurions pris notre petit-déjeuner ensemble, dans une intimité complice qui dispense de parler. Mais, à présent, le domaine n'était plus que l'ombre de ce qu'il avait jadis été : une coquille vide, avec ses fenêtres sombres et ses champs condamnés au silence. Cela ne faisait pas plus d'une semaine que la propriété avait été désertée, et Veritas semblait à l'abandon depuis des siècles.

Mezzanotte enjamba la clôture et atterrit péniblement de l'autre côté. Je parvins de justesse à nous stabiliser d'un coup sec sur les rênes qui fit claquer le mors contre les dents de mon cheval. Ensuite, nous nous dirigeâmes vers le côté de la maison, ma peau se couvrant brusquement d'une sueur moite alors que nous dépassions le petit carré de verveine de Cordelia, dont les tiges montaient à hauteur de chevilles.

— Où va-t-on, petit frère ? voulut savoir Damon.

J'entendis trois chevaux galoper derrière nous : Jonathan Gilbert, le maire Lockwood et le shérif Forbes coupaient à travers la propriété en longeant l'étang. Mezzanotte haletait fortement, une moustache d'écume couleur pêche sur les babines ; je savais que nous ne les sèmerions pas.

Soudain, la sirène rauque d'une locomotive hurla dans l'air du matin, couvrant le fracas des sabots, le souffle du vent et le son métallique d'un fusil qu'on recharge.

— Allez, il faut que nous l'attrapions, dis-je en talonnant les flancs de Mezzanotte.

Tête en avant, elle s'élança au-dessus du mur de pierres qui séparait la propriété de la route principale.

— Vas-y, ma fille, l'encourageai-je.

Le regard sauvage, marqué par la terreur, elle ne ralentit pas pour autant au moment d'aborder la rue principale. L'église calcinée se profila tout à coup, ses briques noircies rappelant des molaires sorties d'une terre cendrée. La pharmacie avait elle aussi été ravagée par les flammes. On avait accroché des crucifix à toutes les portes des maisons tandis que des guirlandes de verveine pendaient au-dessus de la plupart d'entre elles. Je reconnaissais à peine la ville où j'avais passé les dix-sept premières années de ma vie. Mystic Falls n'était plus chez moi. Plus maintenant.

Derrière nous, les chevaux de Jonathan Gilbert et du maire nous talonnaient dangereusement. En face, le train à l'approche crissait sur les rails. L'écume, au bord des lèvres de mon cheval, s'était colorée de rose à cause du sang. Mes crocs étaient secs, mes lèvres tout autant – je les humectai, me demandant si cette soif de sang allait de pair avec mon statut de vampire tout récent ou bien s'il en serait toujours ainsi.

— Prêt, grand frère ? lui lançai-je en tirant sur les rênes de notre monture.

Elle s'arrêta net et j'eus tout juste le temps de sauter à terre avant qu'elle s'effondre, la bouche ensanglantée.

Un coup de fusil fendit l'air et du liquide carmin gicla du flanc de Mezzanotte. Je saisis Damon par les poignets et bondis avec lui dans le wagon juste au moment où la locomotive quittait la gare en vrombissant pour semer le concert enragé où se mêlaient les cris de Jonathan Gilbert et du maire Lockwood.

4.

Le wagon était plongé dans l'obscurité totale, mais, grâce à nos yeux capables de voir de nuit depuis notre transformation, nous pûmes nous frayer un chemin entre les piles de charbon. Enfin, nous atteignîmes une porte et ce qui ressemblait à un wagon-lit de première classe. À l'abri des regards, nous volâmes quelques chemises et pantalons dans une malle laissée sans surveillance ; dans la foulée, nous les enfilâmes. Ces vêtements ne nous allaient pas très bien, mais ils feraient l'affaire.

Alors que, sur fond du grondement sourd du train, nous nous hasardions dans l'allée d'un wagon pour passagers voyageant assis, une main me saisit par l'épaule. Automatiquement, je flanquai un coup au responsable en grognant. Un homme en uniforme de chef de train fut projeté vers l'arrière et heurta la cloison dans un grand bruit.

Je serrai les mâchoires pour empêcher mes crocs de s'allonger.

— Désolé ! Vous m'avez pris par surprise et...

Ma voix, à la tonalité soudain si peu familière, se tut. Au cours de la semaine précédente, la plupart de mes échanges verbaux avaient consisté en des murmures rauques et je m'étonnais à présent de pouvoir m'exprimer de façon si humaine. Seulement, j'étais bien plus puissant que ma voix ne le laissait penser. Je hissai l'homme sur ses jambes et redressai sa casquette bleu marine.

— Ça va ?

— Je crois, répondit le contrôleur, l'air hébété, alors qu'il tâtait ses bras comme pour vérifier qu'ils étaient toujours là. (Je lui aurais donné la vingtaine. Il avait le teint cireux et les cheveux blond-roux.) Je peux voir votre billet ?

— Ah oui ! Nos billets, intervint Damon d'une voix posée qui ne trahissait en rien le fait que nous avions fui à perdre haleine juste quelques minutes plus tôt. C'est mon frère qui les a.

Je lui lançai un regard noir et il me renvoya un sourire à la fois détendu et cynique. Je le scrutai de la tête aux pieds, ses bottes délacées et boueuses, sa chemise en lin qui sortait de son pantalon. Pourtant, il y avait en lui quelque chose, en plus de son nez aquilin et ses mâchoires aristocratiques, qui lui conférait un semblant de majesté. Sur le moment, je le reconnus à peine : ce n'était pas le Damon avec lequel j'avais grandi ni même celui que j'avais appris à connaître la semaine passée. Maintenant que nous quittions Mystic Falls sur les chapeaux de roues en direction d'un horizon invisible, mon frère dégageait autre chose, d'à la fois serein et imprévisible. Dans le contexte étrange de cet environnement, je n'aurais su dire avec certitude si j'étais le complice de mon frère ou au contraire son ennemi juré.

Le chef de train reporta son attention vers moi : il fit la moue en découvrant ma tenue débraillée. Aussitôt, je rentrai ma chemise dans mon pantalon.

— On était pressés et... expliquai-je d'une voix traînante, avec l'espoir que mon accent du Sud donnerait à mon discours une tonalité véridique et... humaine.

Il écarquilla de plus belle ses yeux de poisson – preuve de son scepticisme – et c'est alors que je me souvins d'un des pouvoirs dont Katherine s'était servie sur moi avec beaucoup de succès : la force de persuasion.

— ... et je vous ai déjà montré mon billet, finis-je lentement en priant pour qu'il me croie.

Le contrôleur plissa le front.

— Absolument pas, répliqua-t-il avec la même lenteur, veillant à articuler chaque mot comme s'il s'adressait à un passager particulièrement stupide.

Dans ma tête, je lâchai un juron et m'approchai encore plus de lui.

— Mais je vous l'ai montré tout à l'heure.

Je plongeai mes yeux dans les siens au point de loucher ou presque.

L'homme recula d'un pas et cligna des yeux.

— Tous les passagers doivent garder leur billet sur eux en toutes circonstances.

Mes épaules s'affaissèrent.

— Eh bien... euh...

Damon s'interposa entre nous deux.

— Nos billets sont dans le wagon-lit. C'est notre faute, assura-t-il d'une voix grave, apaisante.

Pas une seule fois ses paupières ne battirent alors qu'il fixait celles, tombantes, du contrôleur.

Les traits du visage de l'homme se détendirent et il s'écarta pour nous laisser passer.

— Au temps pour moi. Allez-y, messieurs. Désolé pour la confusion.

Il parlait d'une voix lointaine. Puis il nous salua d'une pichenette sur sa casquette et s'écarta pour nous laisser poursuivre en direction de la voiture-restaurant réservée aux gentlemen.

À la seconde où la porte se referma derrière nous, j'empoignai mon frère par le bras.

— Comment tu as fait ça ?

Katherine lui avait-elle appris à affecter une voix grave et à regarder sa victime dans les yeux pour la manipuler à sa guise ? Je serrai les mâchoires à l'idée que, peut-être, elle avait raconté à Damon avec quelle facilité elle m'avait, moi, envoûté. Des images défilèrent dans mon esprit : Katherine, les yeux grands ouverts, me suppliant de garder son secret, d'empêcher que Père ne la chasse. Je secouai la tête, comme pour en chasser ces souvenirs.

— C'est qui le chef, à présent, petit frère ? lança Damon d'une voix traînante en se laissant tomber sur un siège en cuir.

Il bâilla et étira ses mains au-dessus de sa tête, comme s'il s'apprêtait à entamer une longue sieste.

— Tu comptes dormir maintenant ? m'exclamai-je. Tu choisis bien ton moment !

— Pourquoi pas ?

— Pourquoi pas ? répétai-je bêtement.

J'écartai les bras pour désigner ce qui nous entourait. Nous nous assîmes parmi des passagers élégants, en haut-de-forme et costume trois-pièces, qui, en dépit de l'heure, avaient pris d'assaut le comptoir en bois du bar, situé dans un retranchement. Un groupe d'hommes plus âgés jouaient au poker tandis que de jeunes voyageurs en uniforme de capitaine chuchotaient, penchés au-dessus de leur verre de whisky. Nous passâmes inaperçus dans cette foule. Aucune boussole pour repérer les vampires qui aurait révélé notre identité au grand jour, et personne ne fit davantage que de nous adresser un rapide coup d'œil alors que nous nous asseyions.

Je pris place sur l'ottomane face à mon frère.

— Tu ne vois donc pas ? Personne ne sait qui nous sommes, ici. C'est l'occasion ou jamais.

— C'est toi qui ne vois rien. (Damon inspira profondément.) Tu sens ?

Les effluves épicés du sang emplirent mes narines et le battement des cœurs pénétra mes oreilles à la manière d'un chant de cigales par un soir d'été. Aussitôt, une douleur fulgurante se déclara dans ma mâchoire. Je couvris ma bouche de ma main et jetai des regards de tous côtés afin de vérifier que personne n'avait remarqué les canines effilées qui venaient de percer mes gencives.

Damon laissa échapper un ricanement plein d'ironie.

— Tu ne seras jamais libre, petit frère. Tu es lié au sang à jamais, et aux humains. Ils te rongent de désespoir et d'un désir insatiable, te condamnent au crime.

En entendant le mot « crime », un homme barbu, roux, aux joues cramoisies par le soleil, nous lança un regard de mépris depuis l'autre côté de l'allée. Je me forçai à esquisser un sourire innocent.

— Tu vas nous attirer des ennuis, soufflai-je entre les dents.

— Tu ne peux t'en prendre qu'à toi-même, rétorqua Damon.

Il ferma les paupières en guise de point final à notre conversation.

Je poussai un soupir et jetai un œil par la fenêtre. Nous n'étions probablement pas à plus d'une cinquantaine de kilomètres de Mystic Falls, mais j'avais la sensation que tout ce que j'avais connu jusque-là avait subitement cessé d'exister. Même le climat semblait altéré : la pluie battante avait laissé place à un soleil automnal qui filtrait au travers des nuages épars et transperçait la frontière de verre séparant le train du monde extérieur. C'était curieux : tandis que nos bagues nous protégeaient de la lumière solaire, l'empêchant de nous brûler la peau, le soleil lui-même provoquait chez moi un état étrange, à la limite de la somnolence.

Me relevant d'un coup, je me réfugiai dans les couloirs sombres du train qui reliaient les wagons. Je passai ainsi des luxueux sièges en velours de la première classe aux bancs en bois de la seconde.

Finalement, je m'installai confortablement dans un compartiment vide dont je tirai les rideaux avant de fermer les yeux et d'ouvrir les oreilles.

J'espère que ces gamins de syndicalistes débarrasseront le plancher de La Nouvelle-Orléans et nous laisseront nous charger de...

Une fois que tu auras découvert les beautés sur Bourbon Street, tu ne verras plus ta pucelle de Virginie pareil...

Vous devez faire attention. Il y a des sorciers vaudous là-bas et, de l'avis de certains, c'est là que les démons viennent se divertir...

Je souris. La Nouvelle-Orléans nous conviendrait parfaitement.

Je pris mes aises dans la couchette, pas mécontent de pouvoir me détendre, et laissai le roulis du train me bercer d'un sommeil profond. Je m'étais aperçu qu'après un bon somme je n'appréciais que davantage mes repas.

5.

Le lendemain, le train fit halte dans un crissement de freins.

— Baton Rouge ! cria un employé des chemins de fer, au loin.

Nous nous rapprochions de La Nouvelle-Orléans, mais pas assez vite à mon goût. Je m'adossai au mur, suivant du regard les passagers qui se pressaient de rassembler leurs affaires avant de quitter leur place, lorsque mon œil s'arrêta tout à coup sur un billet vert où était inscrit en larges lettres : *M. Remy Picard, de Richmond à La Nouvelle-Orléans.*

Je le fourrai dans ma poche et rebroussai chemin d'un pas guilleret dans le train jusqu'à ce que je sente peser un regard insistant sur moi. Je pivotai sur moi-même : deux sœurs me souriaient derrière la vitre de leur compartiment privé, une expression de perplexité sur le visage. L'une brodait une pièce de tissu, l'autre écrivait dans un journal à la reliure en cuir. À côté d'elles, une femme de petite taille, potelée, ayant la soixantaine et vêtue de noir des pieds à la tête, ne les quittait pas des yeux. Ce devait être leur tante ou leur tutrice.

J'ouvris la porte.

— Monsieur ? m'interpella la femme en se tournant vers moi.

Je plongeai mes yeux dans les siens, bleus et larmoyants.

— Je pense que vous avez oublié quelque chose dans le wagon-restaurant, dis-je. Vous pourriez en avoir besoin, continuai-je en imitant la voix profonde et ferme de mon frère.

Son regard s'altéra mais je sentis que, cette fois, c'était différent de la manière dont le conducteur avait répondu à mes paroles. Lorsque j'avais essayé d'influencer l'homme, tout s'était passé comme si mes pensées étaient entrées en collision avec de l'acier tandis que là, j'avais la sensation qu'elles transperçaient un rideau de fumée. La femme pencha la tête, clairement attentive à mes propos.

— J'ai laissé quelque chose... commença-t-elle sans finir, l'air déconcerté.

Mais, dans ma tête, je sentais ses pensées fusionner avec les miennes et je savais qu'elle ne s'opposerait pas à moi.

Aussitôt, la femme, corpulente, changea de position et se leva de son siège.

— Eh bien... euh... c'est sûrement vrai, en effet, annonça-t-elle en tournant les talons pour avancer dans le couloir sans un regard en arrière.

La porte en métal du wagon se referma dans un clic et je tirai les lourds rideaux de la vitre qui donnait sur l'allée centrale du train.

— Ravi de faire votre connaissance, dis-je aux filles en leur faisant la révérence. Je m'appelle Remy Picard, ajoutai-je après un coup d'œil furtif au billet de l'homme qui dépassait de la poche de mon veston.

— Remy, répéta posément la plus grande des deux, laissant croire qu'elle tentait d'apprendre mon nom par cœur.

Je sentis mes canines prêtes à percer mes gencives. J'avais si soif et elle semblait si délicieuse... De toutes mes forces, je pressai mes lèvres l'une contre l'autre et me forçai à rester tranquille. « Trop tôt », songeai-je.

— Enfin ! Tante Millie ne nous quitte pas d'un pouce ! s'exclama la plus âgée des sœurs. (Elle devait avoir dans les seize ans.) Elle ne nous fait pas confiance.

— N'a-t-elle pas raison, à cet instant ? relevai-je pour la taquiner autant que pour la séduire.

À l'époque où j'étais humain, j'aurais espéré qu'un tel échange soit scellé par une poignée de main qui s'attarde ou un baiser frôlé contre une joue. Mais, à ce moment-là, tout ce qui me venait à l'esprit était le sang qui coulait dans les veines des filles.

Je m'assis près de l'aînée, couvé pendant ce temps d'un regard plein de curiosité par la cadette. Elle sentait le gardénia et le pain chaud tout juste sorti du four. De sa sœur – impossible qu'elles n'aient pas été parentes, avec leurs cheveux d'un brun fauve identique et leurs mêmes yeux bleus perçants – se dégageait un parfum plus capiteux. Muscade et feuilles fraîchement tombées.

— Je m'appelle Lavinia. Et voici Sarah Jane. Nous déménageons à La Nouvelle-Orléans, expliqua la fille en posant sa broderie sur ses genoux. Vous connaissez ? J'ai peur que Richmond ne me manque atrocement, termina-t-elle d'une voix plaintive.

— Notre père est mort, m'apprit Sarah Jane, dont la lèvre inférieure tremblait.

Je hochai la tête et passai ma langue sur mes dents pour sentir celles qui s'allongeaient. Le cœur de Lavinia battait considérablement plus vite que celui de sa sœur.

— Tante Millie veut me trouver un mari. Voudriez-vous me dire à quoi je dois m'attendre, Remy ?

Lavinia pointa du doigt la bague à mon annulaire. Comment aurait-elle pu savoir que l'anneau en question n'avait rien à voir avec le mariage et tout à voir avec le fait d'être capable de chasser des filles telles qu'elle de jour comme de nuit ?

— Le mariage est merveilleux lorsqu'on rencontre la bonne personne. Pensez-vous rencontrer l'homme qu'il vous faut ? lui lançai-je en plantant mes yeux dans les siens.

— Je... n'en sais rien. Je suppose que, s'il vous ressemble, je devrai considérer que j'ai de la chance.

Son souffle déposait sur ma joue une caresse chaude ; je savais que je ne pourrais me retenir encore longtemps.

— Sarah Jane, j'ai comme le pressentiment que votre tante a besoin d'aide, dis-je en soutenant le regard saphir de l'intéressée.

Elle marqua d'abord une brève pause, puis s'excusa pour partir chercher sa tante. J'ignorais totalement si je l'envoûtais ou si elle ne faisait rien de plus qu'obéir, elle, l'enfant, à l'adulte que j'étais.

— Vous êtes malin, n'est-ce pas ? constata Lavinia, dont les pupilles dansaient au-dessus d'une bouche souriante.

— Oui, acquiesçai-je avec brusquerie. Vous ne croyez pas si bien dire, ma chère.

Je découvris mes dents, impatient de la voir ouvrir de grands yeux terrifiés. C'était le moment que je préférais quand je me nourrissais : regarder ma victime se mettre à trembler, complètement vulnérable, *mienne*. Lentement, je me penchai vers elle, savourant chaque seconde. Mes lèvres finirent par effleurer sa douce peau.

— Non ! haleta-t-elle.

— Chhh ! murmurai-je en retour.

Je l'attirai à moi et me laissai aller au plaisir du contact de mes dents contre sa chair, doucement pour commencer, puis avec plus de force jusqu'à les enfoncer. Ses gémissements se changèrent en hurlements et je dus plaquer ma main sur sa bouche pour la faire taire tandis que j'aspirai le succulent liquide sucré. Elle poussa une plainte légère, mais ses soupirs eurent tôt fait d'évoluer en petits miaulements.

— La Nouvelle-Orléans, prochain arrêt ! annonça le chef de train dans un cri qui me sortit de ma rêverie.

Je jetai un coup d'œil par la fenêtre : le soleil s'affaissait dans le ciel. Dans mes bras, le poids du corps presque sans vie de Lavinia pesait lourdement. Au travers de la vitre, La Nouvelle-Orléans émergeait tel un paysage féerique sur fond de l'océan qui s'étendait à perte de vue. C'est ainsi que ma vie se profilait : une infinité d'années, une infinité de repas, une infinité de jolies filles aux délicieux soupirs et au sang encore plus divin.

« À jamais haletant, à jamais jeune »[1], chuchotai-je, satisfait de la manière dont les vers de Keats s'appliquaient à ma nouvelle existence.

— Monsieur !

Le contrôleur frappa à la porte ; je bondis hors de la couchette, essuyant ma bouche d'un revers de la main. C'était le même homme qui nous avait interpellés,

---

1. Traduit de l'anglais par Paul Gallimard, in *Poèmes et poésies*, John Keats, Gallimard, « Collection Poésie », 1996.

Damon et moi, au départ de Mystic Falls. Je vis un voile de soupçon se poser sur son visage.

— Ah, nous sommes arrivés à La Nouvelle-Orléans ? demandai-je, le goût du sang de Lavinia au fond de la gorge.

L'homme à la chevelure rousse confirma d'un signe de tête.

— Et les dames ? Elles sont au courant ?

— Oh oui, elles savent ! lui assurai-je sans le quitter des yeux, au moment de sortir mon billet de ma poche. Mais elles ont demandé à ce qu'on ne les dérange pas. Et moi aussi, d'ailleurs. Vous ne m'avez jamais vu. Vous n'avez jamais contrôlé ce compartiment. Plus tard, si jamais on vous pose la question, vous direz qu'il y a peut-être eu des voleurs, montés à bord du train près de Richmond. Ils avaient l'air suspect. Des nordistes, inventai-je pour finir.

— Des soldats nordistes ? répéta l'employé, visiblement perturbé.

Je poussai un soupir. En attendant de maîtriser l'envoûtement, il faudrait que j'aie recours à une méthode plus radicale d'effacement de la mémoire. En un éclair, j'empoignai le contrôleur par le cou et le lui brisai aussi facilement que s'il s'était agi d'une cosse de petit pois. Ensuite, je le jetai à l'intérieur du compartiment avec Lavinia, puis refermai la porte derrière moi.

— Eh oui, il faut toujours que les nordistes déclenchent un massacre partout où ils passent, formulai-je de façon rhétorique.

Ensuite, sans cesser de siffler, je parcourus le chemin qui me séparait de Damon, resté dans le wagon-restaurant réservé aux hommes.

6.

Damon était affalé à l'endroit où je l'avais laissé, un verre de whisky plein et suintant posé devant lui sur la table en chêne.

— Allez, dis-je brutalement en tirant mon frère par le bras pour qu'il se lève.

Le train ralentissait et, tout autour, les passagers rangeaient leurs affaires et s'alignaient derrière un employé des chemins de fer, debout devant les portes en métal noir qui menaient au-dehors. Mais, étant donné que nous voyagions sans bagages et que nous bénéficiions d'une force peu ordinaire, je savais que notre meilleure option consisterait à quitter le train de la même façon que nous y étions montés : en sautant depuis le wagon de queue. Je tenais absolument à ce que nous soyons tous deux déjà loin quand on remarquerait que quelque chose ne tournait pas rond.

— Tu as bonne mine, petit frère.

Il parlait sur un ton léger, mais la pâleur de son teint et les cernes violacés sous ses yeux trahissaient sa réelle fatigue et sa faim intense. Pendant un instant, je regrettai de ne pas lui avoir laissé un reste du sang de Lavinia, mais je chassai sans attendre cette idée. Une main de fer dans un gant de velours : c'est ainsi que Père dressait les chevaux, leur refusant toute nourriture jusqu'à ce qu'ils cessent enfin de tirer sur leurs rênes et qu'ils se laissent diriger. Même chose avec Damon : il avait besoin d'être maté.

— Il faut bien que l'un de nous garde ses forces, me justifiai-je auprès de Damon, alors que je lui tournais le dos pour ouvrir la voie vers l'arrière du train.

La locomotive continuait à glisser, ses roues crissant sur les rails. Nous n'avions pas beaucoup de temps. Nous nous dépêchâmes de traverser le wagon de charbon pour rejoindre l'ultime porte, que j'ouvris sans peine.

— À trois ! Un... deux...

Je l'attrapai par le poignet et sautai. Ensemble, nos genoux heurtèrent le sol en terre avec un bruit sourd.

— Il faut toujours que tu te donnes en spectacle, n'est-ce pas, petit frère ? commenta Damon en grimaçant.

Je remarquai que son pantalon s'était déchiré à mi-jambes lors de la chute. Ses mains étaient couvertes de marques creuses à cause du gravier. De mon côté, j'étais indemne, exception faite d'une égratignure au coude.

— Tu n'avais qu'à boire, le blâmai-je avec un haussement d'épaules.

La locomotive se mit à siffler tandis que j'examinai les alentours. Nous étions en bordure de La Nouvelle-Orléans, ville bouillonnante et enfumée d'où nous parvenait une odeur de beurre, de feu de bois et d'eau boueuse. En taille, elle dépassait de loin Richmond, la plus grande agglomération que j'aie jamais connue. Seulement, ce n'était pas tout : on y était aussi gagné par le sentiment que le danger flottait à tous les coins de rue. Je souris à pleines dents. Dans un endroit pareil, nous pourrions passer inaperçus.

Je commençai à marcher vers le centre à la vitesse surnaturelle à laquelle je ne m'étais toujours pas habitué, Damon sur mes pas, la démarche lourde et maladroite mais régulière. Nous empruntâmes Garden Street, qui m'apparut comme l'une des principales artères de la ville. Tout le long s'alignaient des demeures aussi bien entretenues et colorées que des maisons de poupée. L'air était dense et humide, chargé d'un brouhaha de voix parlant français, anglais et d'autres langues que je ne connaissais pas.

De tous côtés partaient des ruelles qui menaient à l'eau. Sur le trottoir, des marchands se succédaient : ils vendaient tout et n'importe quoi, notamment des tortues fraîchement capturées et des pierres précieuses importées d'Afrique. Même la présence à chaque coin de rue de soldats en uniforme bleu, mousquet à la ceinture, avait, étrangement, un air de fête. C'était une scène carnavalesque dans tous les sens du terme, le genre dont raffolait Damon quand nous étions enfants. En me tournant pour regarder par-dessus mon épaule, je constatai sans surprise que mon frère souriait du bout des lèvres ; ses pupilles, en revanche, flamboyaient avec une intensité que je ne leur avais pas vue depuis une éternité. Nous nous étions embarqués dans cette aventure ensemble et à présent, loin du souvenir de Katherine, du cadavre de Père ou de Veritas, Damon pourrait peut-être enfin accepter et vivre pleinement son nouveau statut.

— Tu te rappelles quand on parlait de partir à la conquête du monde ? lui demandai-je, tourné vers lui. Le voici, notre monde.

Damon répondit avec un léger mouvement de tête :

— Katherine m'a parlé de La Nouvelle-Orléans. Elle y a habité.

— Et si elle était encore parmi nous, elle voudrait que tu te sentes chez toi dans cette ville : pour y vivre, y être, tout simplement, mais aussi pour trouver ta place dans ce monde.

— Stefan, l'éternel poète, railla Damon sans pour autant cesser de me suivre.

— Peut-être. N'empêche que c'est la vérité : tout ceci nous appartient, lançai-je en écartant les bras.

Mon frère hocha la tête comme pour lui-même, pour se persuader.

— Alors d'accord.

— D'accord ? répétai-je, osant à peine en croire mes oreilles.

C'était la première fois depuis notre dispute dans la clairière qu'il daignait soutenir mon regard.

— Oui, je te suis. (Il fit un tour sur lui-même et désigna du doigt les différents bâtiments alentour.) Bon, où allons-nous loger ? Que faisons-nous ? Montre-moi ce fameux monde inconnu.

Les lèvres de mon frère se tordirent en un sourire, et je n'aurais pu dire s'il se moquait ou s'il était sérieux. Dans le doute, j'optai pour la deuxième solution.

J'humai l'air et détectai aussitôt une odeur de citron et de gingembre. Katherine ! Les épaules de Damon se crispèrent : il avait dû la sentir lui aussi. Sans un mot, nous pivotâmes dans un même élan pour nous diriger vers un passage étroit, sur la trace d'une femme en robe de satin violette, une large capeline posée sur sa chevelure foncée.

— Madame ! l'interpellai-je.

Elle se retourna. Ses joues blanches étaient abondamment fardées de rouge, ses yeux ceints d'un trait de khôl. Elle devait avoir dans les trente ans. Sur son front au teint clair, des rides s'étaient creusées. Ses cheveux tombaient en boucles le long de son visage et la coupe de sa robe était si ajustée qu'elle révélait une partie de son décolleté parsemé de taches de rousseur à des fins qui n'étaient pas strictement décoratives. Je sus aussitôt que c'était une femme peu fréquentable, semblable à celles qui faisaient parler d'elles à demi-mot ou que l'on montrait du doigt à la taverne de Mystic Falls.

— Envie de passer du bon temps, les garçons ? lança-t-elle langoureusement, son regard allant de Damon à moi et vice versa.

Ce n'était pas Katherine – loin de là –, pour autant je surpris un éclair dans les yeux de mon frère.

— Je ne pense pas que trouver un endroit où loger pose problème, commentai-je dans ma barbe.

— Ne la tue pas, rétorqua Damon entre ses dents.

— Suivez-moi. Je connais des filles qui seraient ravies de faire votre connaissance. Vous m'avez l'air d'avoir besoin d'un peu d'aventure. J'ai raison ?

Elle nous décocha un clin d'œil. Un orage approchait et je pouvais vaguement entendre des coups de tonnerre au loin.

— Nous ne déclinons jamais l'offre d'une jolie dame de partir à l'aventure, répliquai-je.

Du coin de l'œil, je vis la mâchoire de Damon se tendre. Je savais qu'il luttait pour ne pas succomber à son besoin de se nourrir. « Ne résiste pas », pensai-je, espérant ardemment que mon frère se rassasie alors que nous la suivions dans les ruelles pavées.

— On habite juste ici, annonça-t-elle en sortant une grande clé pour déverrouiller la porte en fer forgé d'une demeure bleu pervenche située au fond d'un cul-de-sac.

La maison était bien entretenue, mais les bâtiments de chaque côté semblaient à l'abandon : leurs peintures s'effritaient et leurs jardins étaient envahis par les mauvaises herbes. De l'intérieur s'échappaient les notes enjouées d'un piano.

— C'est ma pension. La pension Molly. Sauf, bien évidemment, qu'ici on fait preuve d'une hospitalité digne de ce nom si le cœur vous en dit, expliqua-t-elle entre deux battements de cils. Vous venez ?

— Oui, madame.

Je poussai Damon à l'intérieur et refermai la porte derrière nous.

7.

Le lendemain soir, je contemplais avec satisfaction le spectacle du soleil se couchant sur le port. Mlle Molly n'avait pas exagéré : les filles de sa pension avaient le sens de l'hospitalité. Au petit-déjeuner, je m'étais régalé d'une demoiselle aux longs cheveux soyeux et aux yeux bleus couverts d'un voile humide. Sur mes lèvres, je pouvais encore déceler le goût de son sang mélangé à celui du vin.

Avec Damon, nous avions passé la journée à explorer la ville, ses balcons en fer forgé dans le Vieux Carré – depuis lesquels des filles nous saluaient de la main –, ses vitrines de tailleurs où s'empilaient des rouleaux de soie somptueux, sans oublier les boutiques de cigares aux effluves entêtants où des hommes au ventre protubérant concluaient des accords.

Mais, de tous les paysages urbains, c'était le port que je préférais. Il renfermait l'âme de la ville, lieu de transit de bateaux chargés de produits et marchandises exotiques en tous genres. Privée de son port, La Nouvelle-Orléans n'était plus La Nouvelle-Orléans – elle redevenait aussi vulnérable et insignifiante que cette fille chez Molly, le matin.

Damon observait les bateaux lui aussi, se frottant le menton, perdu dans ses pensées. Sa bague en lapis-lazuli scintillait sous les rayons de fin de journée.

— J'aurais presque pu la sauver.

— Qui ? (Je me tournai brusquement vers lui, le cœur soudain plein d'espoir.) Tu t'es glissé dans une des chambres pour boire ?

Le regard de mon frère resta rivé sur l'horizon.

— Bien sûr que non. Je parlais de Katherine.

Évidemment. Je poussai un soupir. La nuit passée, pour Damon, n'avait servi qu'à une chose et une seule : le mécontenter. Tandis que j'appréciais la compagnie et la douceur du sang d'une blonde dont je ne connaîtrais jamais le nom, mon frère s'était retiré dans la solitude de sa chambre, traitant l'établissement comme s'il n'était rien de plus que la pension qu'il prétendait être.

— Tu devrais te nourrir, dis-je pour la centième fois ce jour-là. Tu avais l'embarras du choix hier.

— Tu ne comprends donc pas, Stefan ? rétorqua Damon d'une voix éteinte. Je ne veux pas choisir. Je veux ce que j'avais avant... un monde qui faisait sens, pas un monde qui soit à ma merci.

— Mais pourquoi ? voulus-je savoir, perplexe.

Le vent vira, portant jusqu'à mes narines un mélange d'odeurs de fer, de tabac, de talc et de coton.

— L'heure de ton prochain repas ? Déjà ? lança Damon avec sarcasme. Tu ne crois pas que tu as fait assez de dégâts ?

— Quelle importance, une catin dans un hôtel crasseux ? m'écriai-je, frustré. (Je fis un geste en direction de la mer.) Le monde est rempli d'humains : à la seconde où l'un d'entre eux meurt, un autre naît. Je ne vois pas ce qu'il y a de grave à libérer une âme de plus de sa misérable existence.

— Tu n'as pas de cœur. Tu t'en rends compte ? grogna mon frère. (Il sortit sa langue de sa bouche pour humecter ses lèvres sèches et gercées.) À te nourrir comme tu le fais, à la moindre envie. Katherine ne s'est jamais comportée de cette façon.

— Oui, eh bien Katherine est morte, pas vrai ? commentai-je sur un ton bien plus sec que je ne le voulais.

— Elle aurait détesté ce que tu es devenu.

Damon descendit de la barrière pour se placer à côté de moi. L'odeur ferreuse redoublait, m'enveloppant telle une couverture.

— C'est toi qu'elle aurait détesté ! rétorquai-je. Effrayé par ton ombre, incapable de suivre tes désirs, gaspillant ton pouvoir.

Je m'attendais à ce que Damon réagisse, à ce qu'il me frappe, même. Il se contenta au contraire de secouer la tête, la pointe de ses canines rétractées tout juste visible derrière ses lèvres entrouvertes.

— Je me déteste et je ne vois pas comment elle pourrait avoir une autre opinion de moi, dit-il simplement.

Déçu, je tentai d'insister :

— Que t'est-il arrivé ? Tu étais si plein de vie avant, toujours prêt pour de nouvelles aventures. Il ne nous est jamais rien arrivé de mieux. C'est un cadeau merveilleux... et qui vient de Katherine, qui plus est.

De l'autre côté de la rue, je vis un vieil homme avancer en boitillant puis, quelques instants après, un garçon de course se précipiter en sens inverse.

— Prends-en un et bois ! N'importe qui ! Ce sera toujours mieux que de rester assis sans rien faire d'autre que de regarder le monde passer.

Sur ces paroles, je me levai pour suivre l'odeur de fer et de tabac. Je sentais mes crocs s'allonger à la promesse de ce nouveau breuvage. Je saisis Damon qui traînait, quelques pas en arrière. Nous pénétrâmes dans une voie en pente, hors de portée des lampes à gaz. Le seul point de lumière se résumait à la silhouette d'une infirmière en uniforme blanc qui, adossée à un mur de briques, fumait une cigarette.

La femme leva les yeux et son expression de surprise fit lentement place à un sourire lorsqu'elle repéra Damon. Réaction typique. Même en vampire anémié, mon frère, avec sa chevelure noire, ses longs cils et sa carrure large, ne laissait pas la gent féminine indifférente.

— Cigarette ? proposa-t-elle entre deux cercles de fumée concentriques qu'elle exhalait dans le brouillard ambiant.

— Non, s'empressa de refuser l'intéressé. Viens, petit frère.

J'ignorai son ordre et m'approchai d'elle, de sa tenue maculée de sang. Je ne parvenais pas à en détacher les yeux, fasciné par l'intensité avec laquelle le rouge ressortait sur le tissu d'un blanc impeccable. Peu importe le nombre de fois où j'avais vu du sang de près depuis ma transformation, sa beauté continuait à m'inspirer une admiration sans bornes.

— Dure nuit ? demandai-je en m'adossant au mur près d'elle.

Damon m'empoigna le bras pour me tirer vers les lumières de l'hôpital.

— Allez, petit frère ! Il faut qu'on parte.

Tout mon corps se tendit.

— Non !

Je dégageai mon bras et le poussai contre le mur. L'infirmière jeta sa cigarette. La saillie de mes canines se fit sentir contre mes lèvres. Plus qu'une question de temps, à présent. Damon lutta pour se redresser, les épaules rentrées comme s'il s'attendait à un nouvel assaut de ma part.

— Ne compte pas sur moi pour te regarder passer à l'acte. Je te jure que, si tu fais ça, je ne te le pardonnerai jamais.

— Je dois reprendre mon service, marmonna la femme en s'éloignant de moi d'un pas.

Je l'attrapai par le bras et l'attirai vers moi. Elle eut le temps de laisser échapper un petit glapissement avant que je plaque ma main sur sa bouche.

— Inutile de vous inquiéter encore avec ça, sifflai-je juste avant d'enfoncer mes crocs dans la chair de son cou.

Son sang avait un goût de feuilles pourries et d'antiseptique, à croire que la mort et la putréfaction de l'hôpital s'étaient insinuées dans son corps. Je recrachai le liquide encore chaud dans l'égout et jetai l'infirmière par terre. Elle était défigurée par une grimace de peur.

Quelle fille stupide. Elle aurait dû flairer le danger et prendre ses jambes à son cou quand elle le pouvait encore. Elle m'avait privé de mon plaisir en ne luttant pas. Quel gâchis. Elle émit un gémissement ; j'enroulai mes doigts autour de sa gorge. Ensuite, je serrai jusqu'à entendre le craquement d'os attendu. Sa tête se figea selon un angle anormal tandis que le sang continuait à couler de la plaie.

Elle était totalement silencieuse à présent.

Je fis face à Damon, qui me fixait d'un regard horrifié.

— Les vampires tuent. C'est notre destin, grand frère, commentai-je avec calme, les yeux dans ceux de Damon, d'un bleu profond.

— C'est *ton* destin, rectifia-t-il en ôtant son manteau pour en recouvrir le corps de l'infirmière. Je refuse de vivre comme ça. Comme toi.

La colère se mit à battre en moi, à l'instar d'un pouls puissant.

— Tu n'es qu'un lâche, hurlai-je.

— Ça se peut. Mais, à choisir, je préfère ça plutôt que d'être un monstre. (Sa voix s'éleva soudain.) Je ne prendrai pas part à ton massacre. Et, si nos chemins se croisent à nouveau, je te promets que je vengerai toutes tes victimes.

Puis il tourna les talons et s'enfonça en trombe dans l'allée, où l'enveloppa instantanément un tourbillon de brume.

8.

Le 4 octobre 1864

Lorsque j'étais encore humain, je pensais que c'était le décès de notre mère qui avait façonné les hommes que nous allions devenir, Damon et moi. Les premiers jours qui avaient suivi sa disparition, je me décrétai semi-orphelin et m'enfermai dans ma chambre, avec le sentiment que ma vie venait de prendre fin à l'âge précoce de dix ans. Père était d'avis que le deuil appartenait aux faibles, aux femmelettes, et Damon avait donc personnellement veillé à me consoler. Il m'accompagnait lors de balades à cheval, me laissait prendre part aux jeux de ses amis plus âgés et régla leur compte aux frères Giffin le jour où ils se moquèrent de moi parce que j'avais pleuré à cause de Mère pendant un match de base-ball. Damon avait toujours été le plus fort de nous deux, celui qui me protégeait.

Seulement, j'avais tort. Si une mort m'avait influencé dans ce que j'allais devenir, c'était la mienne.

À présent, la roue a tourné et le plus fort, c'est moi. Mais, bien que j'aie toujours été reconnaissant envers mon frère, il me méprise et me rend responsable de ce qu'il est devenu. Certes, je l'ai forcé à boire le sang d'Alice, la serveuse de la taverne, ce qui a achevé sa transformation. Mais suis-je le méchant pour autant ? Ce n'est pas mon opinion, surtout sachant que ce geste lui a sauvé la vie.

Je finis par voir Damon comme Père le voyait : exagérément impérieux, obstiné, trop prompt à prendre des décisions et trop lent à y déroger.

Et alors que, plus tôt dans la soirée, je me tenais debout, en bordure du faible halo de la lampe à gaz, la dépouille de l'infirmière à mes pieds, j'avais compris une chose : j'étais seul. Un orphelin à part entière, maintenant. À l'instar de Katherine lorsqu'elle était arrivée à Mystic Falls pour loger chez nous.

C'est donc ainsi que les vampires procèdent. Ils exploitent la vulnérabilité des humains, veillent à ce que ces derniers leur fassent confiance et, une fois leurs sentiments solidement assis, ils passent à l'attaque.

Eh bien je procéderai de cette manière. J'ignore comment je choisirai ma prochaine victime, mais je sais, mieux que tout, que la seule personne sur laquelle je dois veiller et que je dois protéger, c'est moi-même. Damon ne peut compter que sur lui. Et il en va de même pour moi.

À l'oreille, je suivis mon frère tandis qu'il parcourait la ville à un rythme effréné. À un moment, il marqua une pause et se mit à murmurer inlassablement le prénom de Katherine, comme s'il s'agissait d'une prière. Et puis, plus rien...

Était-il mort ? S'était-il suicidé par noyade ? Ou bien était-il tout simplement trop loin pour que je l'entende ?

Quoi qu'il en soit, le résultat était le même. J'étais seul, j'avais perdu tout contact avec ce qui restait de l'homme que j'avais été autrefois : Stefan Salvatore, le fils obéissant, l'amateur de poésie, toujours prêt à servir les causes justes.

Je me demandais si cela signifiait que Stefan Salvatore, dont personne ne devait plus se souvenir aujourd'hui, était bel et bien mort... ce qui me condamnait à n'être plus... personne.

Je pouvais déménager de ville en ville chaque année, partir à la découverte du monde. Je pourrais usurper l'identité d'autrui autant de fois que je le voudrais. Me faire passer pour un soldat nordiste. Ou un homme d'affaires italien.

Ou même encore Damon.

Le soleil disparut sous la ligne d'horizon, pareil à un boulet de canon qui s'écrase au sol, et la ville fut plongée dans l'obscurité. Je quittai une rue pour une autre, au son des semelles de mes bottes sur les pavés. Une feuille de papier journal vola vers moi. D'un pas lourd, je la clouai et examinai la photo imprimée d'une fille aux longs cheveux foncés et aux yeux clairs.

Son visage m'était vaguement familier. S'agissait-il d'une parente d'une habitante de Mystic Falls ? Ou bien de l'une des cousines sans nom qui avaient assisté à l'un de nos nombreux barbecues à Veritas. À ce moment-là, je lus le titre de l'article : « Attaque sanglante à bord de l'Atlantic Express ».

Lavinia. Bien sûr.

Je l'avais déjà oubliée. Je me baissai pour ramasser le papier et le chiffonner avant de le jeter dans le Mississippi le plus loin possible. La surface de l'eau était trouble, agitée de remous qui charriaient de la boue et mouchetée

55

par le clair de lune. Je ne voyais pas mon reflet, la vue se limitant à un gouffre sans fond aussi sombre que mon avenir, tout à coup. Pourrais-je continuer ce cycle pour toujours : boire, tuer, oublier et recommencer ?

Oui. Instinctivement, de tout mon être, de toute mon âme, je criai « oui ».

La joie triomphale née de la capture de mes victimes, puis le plaisir de toucher de mes canines la peau de leur cou, fine comme du papier, de sentir leur cœur ralentir jusqu'à un ultime battement sourd et leur corps devenir mou entre mes bras... Lorsque je chassais et que je buvais leur sang, je me sentais en vie et pleinement moi. J'avais une raison de vivre en ce monde.

Après tout, c'était dans l'ordre naturel des choses. Les animaux les plus forts tuaient les plus faibles. Puis venait le tour des hommes de les tuer. Et moi, je tuais les hommes. Chaque espèce avait son ennemi. La perspective qu'il puisse exister un monstre suffisamment puissant pour me chasser *moi* me fit frémir.

La brise saline qui s'élevait du fleuve se fondait dans l'odeur de corps crasseux et de nourriture pourrissante – rien à voir avec le parfum qui embaumait la ville, où des senteurs florales et des effluves de talc emplissaient l'air des avenues. Là-bas, les ombres de couples enlacés se profilaient à tous les coins de rue tandis que des rumeurs circulaient au gré des flots du Mississippi, interrompues ici et là par des hoquets d'ivrognes. Cela sentait le danger, ici. Le mal.

Ce qui n'était pas pour me déplaire. Au contraire.

Je tournai dans une rue, guidé par mon flair tel un limier sur la piste d'une biche. Je fléchis les bras, prêt à saisir ma prochaine victime : ivrogne imbibé de gin, soldat, femme sortie seule, trop tard – peu importait.

J'empruntai une nouvelle artère et l'odeur ferreuse du sang se rapprocha. Elle était sucrée et fumée en même temps. Je me concentrai, anticipai le moment de planter mes crocs dans un cou sans savoir quel sang je buvais, quelle vie je volais.

Je poursuivis ma marche, accélérant la cadence et remontant vers l'odeur jusqu'à une ruelle où se succédaient une pharmacie, une épicerie et la boutique d'un tailleur. On aurait dit la réplique de la rue principale de Mystic Falls. Mais, contrairement à notre ville qui n'avait qu'une artère commerçante, La Nouvelle-Orléans devait en compter des dizaines, peut-être même des centaines.

Le parfum de rouille du sang ne cessait de se renforcer. Alors que je suivais les méandres du chemin, ma faim augmentait et me dévorait de l'intérieur, me brûlant les boyaux. Enfin, je parvins à un bâtiment désaffecté, couleur pêche. En voyant l'enseigne peinte au-dessus de la porte, je m'arrêtai net. Des saucisses accrochées à un chambranle pendaient dans la vitrine mal nettoyée du magasin ; des pavés de viande séchée se balançaient à des crochets fixés au plafond, évoquant un mobile grotesque pour enfants. Des côtes de porc étaient disposées en couches sur de la glace derrière un présentoir et, tout au fond, des carcasses entières étaient suspendues au-dessus de larges cuves dans lesquelles leur sang tombait goutte à goutte.

Une boucherie ?

Je laissai échapper un soupir de frustration mais, poussé par la faim, j'ouvris tout de même la porte. La chaîne en métal se cassa facilement, n'offrant pas plus de résistance qu'un fil. Une fois à l'intérieur, j'étudiai les carcasses ensanglantées, captivé pendant un moment par le sang qui coulait dans les bacs.

Par-dessus cette étrange mélodie sanglante, je discernais le moindre bruit, aussi discret qu'un mouvement de moustaches de souris. S'y mêla soudain le léger frottement de pieds qui marchaient sur le ciment.

Je reculai et jetai des regards de tous côtés. Des souris se mirent à courir sous le plancher de bois et la montre de quelqu'un sonna dans le bâtiment voisin. À part cela, c'était le silence. Pourtant, l'air ambiant sembla subitement s'épaissir et les murs se refermer sur moi, surtout lorsque je m'aperçus qu'il n'y avait pas de sortie par-derrière dans cet antre de la mort.

— Qui va là ? appelai-je dans la pénombre en tournant sur moi-même, toutes dents dehors.

Quelque chose remua. Des crocs, des yeux, des bruits de pas qui se rapprochaient dangereusement.

Un long grognement guttural se réverbéra contre les cloisons de la pièce et je compris aussitôt, dans un sursaut d'horreur, que j'étais cerné par une bande de vampires qui ne semblaient attendre qu'une chose : le moment de bondir sur moi.

9.

Je m'accroupis au maximum. L'odeur de sang s'infiltrait par tous les coins de la pièce et me tournait la tête. Impossible de savoir où frapper en premier.

Les vampires émirent un nouveau grognement ; je répondis par un grondement lent et sourd. Le cercle se referma peu à peu sur moi. Ils étaient trois : j'étais pris au piège, tel un poisson dans un filet.

— Tu te crois où ? me provoqua l'un d'eux.

Il devait avoir une vingtaine d'années, et une cicatrice courait le long de son visage de l'œil gauche jusqu'au coin des lèvres.

— Je suis l'un des vôtres, dis-je une fois debout, les crocs sortis.

— Oh ! L'un des nôtres ! répéta un des vampires plus âgés avec une voix chantante.

Il portait des lunettes et une veste en tweed sur une chemise à col blanc. Exception faite de ses dents effilées et de ses yeux rouges, il aurait pu passer pour un comptable ou un ami de mon père.

Je restai impassible.

— Je ne vous veux pas de mal, mes frères.

— Nous ne sommes pas tes frères, dit un autre, qui avait des cheveux couleur fauve.

Je lui donnais quinze ans au grand maximum. Sa peau était lisse, ses yeux verts, en revanche, étaient durs.

Le plus âgé avança d'un pas et me tapa la poitrine de son doigt osseux comme il aurait fait avec un pieu en bois.

— Alors, frérot, c'est un bon soir pour dîner ou... pour mourir ? Qu'en penses-tu ?

Le jeune vampire s'agenouilla à mes côtés et leva les yeux vers moi.

— Moi, je dirais que le veinard va faire les deux !

Il ébouriffa mes cheveux. Je tentai de l'écarter d'un coup de pied, mais ma botte sembla ne battre que l'air.

— Non, non, non.

Alors que le vampire à la cicatrice observait sans piper mot, le garçon m'empoigna les bras et les tordit si fort dans mon dos que j'émis un hoquet de surprise.

— Un peu de respect. Nous sommes tes aînés. Et, à en juger par ce qui s'est passé à la pension Molly, ton manque de respect ne date pas d'hier.

Il prononça le nom de la femme d'une voix traînante, à la manière d'un gentilhomme du Sud, inoffensif et distingué. Seulement, sa poigne d'acier le trahissait.

— Je n'ai rien fait, me défendis-je en assénant un nouveau coup de pied.

Quitte à mourir, autant que ce soit en me débattant.

— En es-tu bien sûr ? insista-t-il en me toisant avec une mine dégoûtée.

J'essayai une nouvelle fois de me dégager, mais mes efforts ne servirent à rien.

Le vampire plus âgé gloussa.

— Il ne peut pas contrôler ses pulsions. C'est l'impulsivité incarnée, celui-là. Si on lui rendait la monnaie de sa pièce ?

D'un geste théâtral, il me libéra et me poussa vers l'avant avec une force que jamais auparavant je n'avais rencontrée. Je heurtai la cloison en plâtre et tombai sur l'épaule, ma tête cognant le plancher avec fracas.

Je me recroquevillai derrière mes assaillants, me rendant compte que, si je sortais vivant de cette confrontation, ce ne serait pas grâce à ma puissance.

— Je ne voulais pas. Je suis désolé.

Ma voix se brisa sur ce dernier mot.

— Tu penses ce que tu dis ? voulut savoir le jeune vampire, un éclair dans les yeux.

Le bruit d'un morceau de bois qu'on casse me déchira les tympans et je tressaillis. Des vampires pouvaient-ils s'entretuer à coups de pieu ? Je n'avais aucune envie d'obtenir de réponse à la question à mes dépens.

— Oui. Oui ! Je suis venu ici par hasard. J'ignorais qu'il y avait quelqu'un. Je viens d'arriver à La Nouvelle-Orléans.

— Silence ! m'ordonna-t-il en s'approchant de moi, un morceau de bois à la main.

J'appuyai ma colonne vertébrale contre le mur endommagé. Alors c'était ainsi que tout finirait : moi, empalé sur un simulacre de pieu dressé par mes pairs.

Deux mains écrasèrent les miennes tandis que deux autres m'immobilisaient les chevilles ensemble avec une force telle que j'eus la sensation d'être coincé sous un bloc de roche. Je fermai les paupières. Une image de Père, couché à plat ventre dans son bureau, fit son chemin jusque dans mon esprit ; je secouai la tête de terreur, revoyant son visage couvert de sueur, marqué par l'effroi. Naturellement, j'avais essayé de le sauver, mais il ne l'avait jamais su. S'il était en train de regarder, sous la forme d'un ange, d'un démon ou d'un simple spectre condamné à hanter le monde, le dénouement de cette scène le ravirait sans nul doute au plus haut point.

Je plissai davantage les yeux, avec l'espoir de convoquer d'autres souvenirs dans mon esprit, des souvenirs d'un autre endroit, d'une autre époque. Mais tout ce qui me revenait, c'était mes victimes au moment où mes canines perçaient leur peau, leurs gémissements plaintifs qui laissaient finalement place au silence, le sang qui gouttait de ma bouche jusque sur mon menton. Bientôt, tout le sang que je leur avais ravi serait libéré ; il quitterait mon corps pour rejoindre la terre, où j'allais mourir seul et pour de bon cette fois, sur ce plancher en bois.

— Ça suffit ! coupa une voix féminine qui fit voler en éclats ce scénario.

Les vampires me lâchèrent instantanément les mains et les pieds. J'ouvris grands les yeux, juste à temps pour apercevoir une femme se glisser par une petite porte en bois, au fond. Sa chevelure blonde descendait dans son dos en une longue tresse. Elle portait un pantalon d'homme noir et des bretelles. Quoique grande, elle avait un air enfantin. Pourtant, elle semblait imposer sa loi aux autres, qui se recroquevillèrent devant elle.

— Toi, m'interpella-t-elle, alors qu'elle s'agenouillait près de moi. Tu es qui ?

Ses yeux ambre sondèrent les miens. Leur couleur était claire et étrange, mais il y avait autre chose – une noirceur dans les pupilles – qui exprimait la sagesse et le savoir, tranchant avec ses joues rosées sur un visage dépourvu de rides.

— Stefan Salvatore, lui répondis-je.

— Stefan Salvatore, répéta-t-elle avec un accent italien parfait.

Taquine, sa voix ne semblait pas hostile. Du doigt, elle suivit doucement la ligne de mes mâchoires, puis elle posa une main sur mon torse pour me pousser avec vigueur contre le mur. La soudaineté de son geste me surprit mais, alors que je restai assis, immobilisé et impuissant, elle porta son autre main à sa bouche et, au niveau du poignet, s'ouvrit une veine d'un coup de dents. Elle créa ainsi une petite coupure dont s'échappa un filet de sang.

— Bois, me commanda-t-elle comme elle approchait son poignet de mes lèvres.

Je m'exécutai, le temps de faire descendre quelques gouttes le long de ma gorge avant qu'elle retire brusquement sa main.

— Ça suffira. Pour guérir tes blessures en tout cas.

— Lui et son frère ont fait des ravages partout où ils sont passés, déclara le vampire à la large carrure, son pieu de fortune pointé vers moi à la façon d'une arme à feu.

— C'était moi, m'empressai-je de rectifier. Mon frère n'a rien à voir là-dedans.

Damon ne surmonterait jamais la colère de ces démons. Pas dans l'état de faiblesse dans lequel il était.

La vampire blonde fronça le nez en s'approchant de moi.

— Quel âge as-tu ? Une semaine ?

— Presque deux, répondis-je sur un ton de défi, le menton relevé.

Elle hocha la tête, un piètre sourire aux lèvres, et se releva pour examiner la boutique. Le mur de plâtre était en partie enfoncé et du sang avait taché le sol et éclaboussé les murs, comme si un enfant, au centre de la pièce, l'avait aspergée celle-ci en tournant sur lui-même avec un pinceau gorgé de peinture. La femme laissa échapper un « tttt » réprobateur et les trois hommes reculèrent d'un pas dans un même élan tandis que, dans mon coin, je frissonnai.

— Percy, viens ici. Apporte-moi ce couteau, exigea-t-elle.

Dans un soupir, le plus jeune vampire, hésitant, sortit un long couteau à découper de derrière son dos.

— Il ne suivait pas les règles, se justifia-t-il avec irritation.

Il me rappela les frères Giffin, à Mystic Falls. À eux deux, ils formaient une belle paire de brutes, toujours prêts à rosser un enfant dans la cour d'école avant de tenir tête à un enseignant auquel ils affirmaient : « C'est pas nous ! »

Elle prit le couteau et l'examina, passant son index sur la lame luisante. Ensuite, elle le tendit à Percy. Il hésita un instant, mais finit par s'avancer pour le reprendre. Au même moment, les canines de la fille s'allongèrent et ses yeux s'injectèrent de sang. Dans un grognement terrible, elle frappa Percy en pleine poitrine. Il tomba à genoux, plié en deux, le souffle coupé.

— Tu accuses ce vampire d'avoir semé la zizanie en ville, commença-t-elle avec une rage bouillonnante. (Elle enfonça le couteau plus avant.) Et pourtant, tu tentes de lui régler son compte dans un lieu public : cette boutique ?! Tu ne vaux pas mieux que lui.

Le jeune vampire tituba vers l'arrière. Le sang qui avait coulé sur le devant de sa chemise rappelait une tache de café. Il grimaça au moment de ressortir la lame dans un bruit de succion.

— Je m'excuse, dit-il d'une voix haletante.

— Merci.

La femme présenta son poignet à Percy. En dépit de son physique jeune et de son tempérament de feu, elle possédait une sorte d'instinct maternel que les autres vampires semblaient accepter pour ce qu'il était, comme si ses coups étaient pour eux aussi naturels qu'une tape reçue par un enfant trop plein d'entrain.

Elle me fit face.

— Désolée qu'on t'ait ennuyé, Stefan. Puis-je t'aider à retrouver ton chemin ? me proposa-t-elle.

Je jetai des regards autour de moi. À part à un moyen de m'échapper d'ici, je n'avais pas vraiment réfléchi.

— Je...

— Tu n'as nulle part où aller, finit-elle à ma place en soupirant.

Elle observa les autres vampires qui s'étaient regroupés dans un coin de la pièce, la tête baissée, en pleine conversation.

— Je vais vous laisser, annonçai-je en me relevant avec peine.

Mes jambes étaient intactes mais mes bras tremblaient et je respirai avec difficulté, de manière saccadée. Sachant que les vampires de la ville surveillaient mes moindres faits et gestes, où pourrais-je aller ? Comment ferais-je pour me nourrir ?

— Ne dis pas de sottises ! Tu viens avec nous, décréta-t-elle en tournant les talons pour sortir dans la rue.

(Elle pointa du doigt le vampire le moins âgé et celui qui portait des lunettes.) Percy et Hugo, vous, vous nettoyez.

Je dus presque courir pour ne pas les perdre, elle et le grand vampire à la cicatrice, témoin silencieux de ma torture.

— Il va te falloir un guide dans cette ville, décida-t-elle sans s'arrêter. Je te présente Buxton.

Elle attrapa l'intéressé par le coude. Nous parcourûmes un nombre incalculable de rues avant d'atteindre les environs d'une église avec un clocher qui montait en flèche.

— On est arrivés.

Elle s'arrêta net devant une grille en fer forgé. Ses bottes résonnèrent sur le chemin en ardoise qui menait à l'arrière d'une maison. Dès qu'elle ouvrit la porte, une odeur de renfermé s'en dégagea. Sans attendre, Buxton traversa un boudoir pour monter un escalier, nous laissant seuls, la femme vampire et moi, dans l'obscurité.

— Tu es ici chez toi. (Elle écarta les bras.) Il y a plein de chambres libres à l'étage. Choisis celle que tu veux.

— Merci.

Alors que mes yeux s'habituaient à la pénombre, j'examinai les lieux. Des rideaux de velours noir retenus par des cordons dorés masquaient toutes les fenêtres. Dans l'air flottaient des particules de poussière. Aux murs pendaient des tableaux aux cadres recouverts de feuilles d'or. Le mobilier était usé ; je distinguai seulement deux escaliers avec ce qui ressemblait à des tapis orientaux en guise de chemin et, dans la pièce d'à côté, un piano. Cette demeure avait sûrement eu son heure de gloire, mais à présent ses murs décrépis s'effritaient tandis que des toiles d'araignée recouvraient le gigantesque lustre en or et cristal au-dessus de nous.

— Entre toujours par-derrière. N'ouvre jamais les rideaux et n'amène personne ici, sous aucun prétexte. C'est bien compris, Stefan ?

Elle plongea ses yeux dans les miens en insistant.

— Oui.

Je passai un doigt sur la cheminée en marbre, où je laissai une trace dans une couche de poussière de deux centimètres.

— Je pense que tu vas te plaire ici.

Je pivotai vers elle, hochant la tête en signe d'approbation. Ma panique avait disparu et mes bras ne tremblaient plus.

— Je m'appelle Lexi. (Elle me tendit la main. Je la portai à mes lèvres pour l'embrasser.) J'ai comme l'impression que toi et moi allons être amis pendant longtemps.

10.

Je me réveillai alors que la nuit tombait sur la ville. De ma fenêtre j'apercevais le soleil, pastille rouge orangé, se glisser derrière un clocher blanc. Toute la maison baignait dans le silence et, l'espace d'un instant, je me demandai où j'étais. Puis tout revint soudain : la boucherie, les vampires, moi qu'on projetait contre un mur.

Lexi.

Comme si elle avait entendu mes pensées, elle pénétra alors dans la chambre après avoir ouvert la porte sans faire de bruit. Sa chevelure blonde, détachée, tombait sur ses épaules. Elle portait une robe noire toute simple. En regardant vite, on aurait pu la prendre pour une enfant. Seulement, je voyais bien, aux petits plis aux coins de ses yeux et à ses lèvres charnues, qu'elle avait atteint une certaine maturité, qu'elle devait avoir dans les vingt ans. Quant à savoir depuis combien d'années elle avait cet âge, je n'en avais pas la moindre idée.

Elle s'assit au bord de mon lit et, d'une main, me dégagea les cheveux des yeux.

— Bonsoir, Stefan, dit-elle, une lueur malicieuse dans le regard. (Entre ses doigts, elle tenait un gobelet rempli d'un liquide foncé.) Tu as réussi à dormir, constata-t-elle.

Je confirmai en hochant la tête. Jusqu'au moment où je m'étais écroulé sur le matelas en plumes, au deuxième étage de la maison, je ne m'étais pas rendu compte que j'avais à peine dormi au cours de la semaine précédente. Même dans le train, j'avais eu un sommeil agité et superficiel, conscient du moindre soupir ou ronflement des autres passagers, sans oublier la mélodie de leur flot sanguin qui retentissait perpétuellement à mes oreilles. Ici, aucun battement de cœur ne m'avait empêché de sombrer dans un sommeil profond.

— Je t'ai apporté ça.

Elle me tendit le verre, mais je le repoussai ; l'odeur du sang indiquait qu'il avait tourné.

— Il faut que tu boives.

En disant cela, elle me fit tellement penser à moi-même lorsque je sermonnais Damon que je ne pus réprimer un sentiment d'irritation... et de peine. Je levai le gobelet et y trempai mes lèvres en luttant pour ne pas recracher. Comme je m'y attendais, le liquide avait un goût d'eaux usées et son odeur me donnait des haut-le-cœur.

Lexi sourit comme pour elle-même.

— C'est du sang de chèvre. C'est bon pour toi. Tu allais te rendre malade, à force de te nourrir comme tu le faisais. Un régime constitué exclusivement de sang humain est redoutable pour la digestion. Même chose pour ce qui est de l'âme.

— L'âme ? Quelle âme ? me moquai-je.

Toutefois, je portai le verre à ma bouche une fois de plus.

Lexi poussa un soupir et me prit le gobelet des mains pour le placer sur la table de chevet, à côté.

— Toute ton éducation reste à faire, murmura-t-elle.

— Mais nous avons l'éternité devant nous, n'est-ce pas ?

Elle me gratifia d'un éclat de rire, étonnamment puissant et rauque compte tenu de sa corpulence famélique.

— Tu comprends vite. Viens. Lève-toi. Il est temps de te faire visiter notre ville.

Elle me donna une chemise blanche, unie, et un pantalon.

Une fois changé, je lui emboîtai le pas dans l'escalier en bois grinçant pour rejoindre une vaste pièce semblable à une salle de bal où une foule d'autres vampires s'était assemblée. Ils étaient vêtus avec élégance, mais tous affichaient la même allure démodée, comme s'ils étaient sortis tout droit d'un des portraits qui recouvraient les murs. Hugo, assis au piano désaccordé, en cape de velours bleu, jouait un morceau de Mozart. Buxton, le vampire imposant au tempérament de feu, portait une chemise blanche trop grande et froissée. Percy, dans son haut-de-chausses usé, avec ses bretelles, donnait l'impression d'être en retard à un match de football en compagnie de ses camarades d'école.

En me voyant, les vampires se figèrent. Hugo m'adressa un signe de tête forcé tandis que les autres me dévisageaient dans un silence de mort.

— Allons-y ! ordonna Lexi, qui franchit la porte en premier, puis emprunta le petit chemin en ardoise jusqu'à, passé un dédale de ruelles, une rue marquée comme Bourbon Street.

Tout du long, des portes s'ouvraient sur des bars mal éclairés d'où sortait une clientèle ivre qui trébuchait dans l'air de la nuit. Des femmes aux tenues suggestives s'attroupaient sous des auvents alors que des hommes en état d'ébriété avancé attendaient la première occasion de se lancer dans un fou rire ou dans une bagarre, au choix. Je compris tout de suite pour quelle raison Lexi nous avait amenés ici. En dépit de notre accoutrement étrange, nous n'attirions pas davantage l'attention que les turbulents ivrognes du coin.

Je marchais aux côtés des autres vampires, qui veillaient à ce que je reste encerclé, bien au centre de leur groupe. Je sentais leurs regards peser sur moi et faisais mon possible pour feindre l'indifférence face à l'odeur du sang et aux battements rythmés des cœurs étrangers.

— Là ! s'exclama Lexi sans prendre la peine de consulter qui que ce soit.

Déjà elle poussait la porte d'un saloon sur laquelle était inscrit « Miladies » dans une typographie pleine d'enjolivures. Son audace m'impressionnait : à Mystic Falls, seules les femmes de piètre réputation allaient au bar. Seulement, La Nouvelle-Orléans n'avait rien à voir avec Mystic Falls.

Le plancher du Miladies était couvert de sciure ; son odeur, mélange écœurant et âcre de transpiration, de whisky et d'eau de Cologne, m'arracha une grimace. Les tables avaient été prises d'assaut par des hommes, qui, épaule contre épaule, jouaient aux cartes, pariaient ou entretenaient des ragots. Un coin entier de la salle était rempli de soldats nordistes et, dans un autre, un groupe hétéroclite, composé d'un accordéoniste, de deux violonistes et d'un flûtiste, interprétait une version enjouée de *The Battle Hymn of the Republic*.

— Qu'en penses-tu ? me lança Lexi en m'escortant en direction du bar.

— C'est un bar de nordistes ?

Les nordistes avaient mis la main sur la ville plusieurs mois auparavant, et des soldats étaient en faction dans tous les coins ou presque afin de ramener l'ordre, si nécessaire, et de rappeler au premier sudiste qui passait que la guerre qu'il menait était perdue d'avance.

— Oui. Tu sais ce que ça signifie, n'est-ce pas ?

Je balayai la salle du regard. Hormis les soldats, la clientèle était composée d'âmes solitaires. Des hommes noyaient leur solitude assis à des tables en bois sans prêter attention à leurs voisins. Les serveurs remplissaient les verres tels des automates, ne levant pas même un œil sur leurs clients.

Je saisis immédiatement le tableau.

— Tout le monde, ici, est un inconnu de passage.

— Exactement, confirma Lexi avec un sourire, enchantée à l'idée que j'aie tout compris.

Buxton se racla la gorge pour marquer son désaccord. Je devinais qu'il ne m'aimait pas, qu'il n'attendait qu'une chose : que je fasse un faux pas afin qu'il puisse m'enfoncer un pieu dans le cœur sans s'exposer à la fureur de Lexi.

— Hugo, trouve-nous une table ! ordonna cette dernière.

L'intéressé approcha d'une table mal finie près des musiciens. Avant même qu'il ait le temps d'ouvrir la bouche, les soldats en manteau bleu échangèrent des regards et se levèrent, laissant derrière eux des gobelets encore à moitié pleins.

Lexi écarta deux chaises.

— Stefan, assieds-toi à côté de moi.

Je lui obéis, un peu gêné tout de même par tant de docilité, qui rappelait celle d'un enfant. Puis je me souvins que même Hugo l'écoutait. Lexi avait un certain pouvoir ; surtout, elle savait comment s'en servir.

Percy, Hugo et Buxton se joignirent à nous.

— Maintenant, commença Lexi en empoignant l'un des verres de bière qui restaient sur la table pour l'agiter en l'air sous le regard d'une serveuse qui s'approchait, on va te montrer comment te comporter en public.

Mes joues s'empourprèrent sous l'effet de la colère.

— Je sais comment me tenir, laissai-je échapper entre mes mâchoires fermées. En dépit de la foule et du fait qu'il est pratiquement impossible de rester concentré.

Percy et Hugo se mirent à ricaner.

— Il n'est pas prêt... constata Buxton sur un ton grincheux.

— Mais si, rétorqua Lexi d'une voix grave, à deux doigts d'être menaçante.

Buxton serra les dents, tentant en apparence de se maîtriser. Sur ma chaise, je changeai de position. J'avais l'impression d'être retombé en enfance, à l'époque où j'avais dix ans, tout au plus, quand Damon me protégeait des frères Giffin. Sauf que, cette fois, c'était une fille qui me défendait. Je m'apprêtais à lui dire que je n'avais nullement besoin qu'elle formule les réponses à ma place lorsqu'elle posa une main sur mon genou. Son contact, doux, me calma.

— Tu verras, plus ça va, plus c'est facile. (Elle me regarda droit dans les yeux.) Alors, leçon numéro un... (Elle s'adressait au groupe entier – un signe de délicatesse de sa part sachant que j'étais le seul de la tablée à ne pas connaître les mœurs liées au statut de vampire.) D'abord, il faut apprendre comment contrôler les pensées de quelqu'un en passant inaperçu. (Elle se pencha en avant et scruta le groupe de musiciens.) Je n'aime pas cette chanson. Stefan, qu'est-ce qui te ferait plaisir d'entendre ?

— Euh...

Je jetai des regards perplexes autour de la table. Percy ricana une nouvelle fois, mais s'arrêta aussi sec lorsque Lexi le foudroya des yeux.

— *God Save the South*[1] ? dis-je du bout des lèvres.

C'était la première chose qui m'était venue à l'esprit : une chanson que Damon avait l'habitude de siffloter lors de ses permissions. Lexi racla sa chaise vers l'arrière, soulevant au passage une couche de sciure. D'un pas nonchalant, elle rejoignit les musiciens et les fixa droit dans les yeux un par un, tout en disant quelque chose que je ne parvins pas à entendre.

Le groupe s'arrêta au milieu d'une mesure et entama immédiatement *God Save the South*.

— Hé ! cria l'un des soldats.

Ses camarades se regardèrent, se demandant, de toute évidence, pourquoi l'orchestre d'un bar pro-nordiste avait soudain eu l'idée de jouer un morceau en faveur des sudistes.

Lexi souriait à pleines dents, enchantée par son tour de magie.

— Ça t'impressionne ?

— Beaucoup, répondis-je en toute honnêteté.

Même Hugo et Percy montrèrent leur approbation en opinant du chef.

Lexi avala une gorgée de sa bière.

— À ton tour. Choisis quelqu'un, me défia-t-elle.

---

1. Littéralement, « Que Dieu protège le Sud ».
(Note de la traductrice.)

J'examinai le bar et repérai une serveuse aux cheveux noirs. Elle avait les yeux d'un marron très profond, les cheveux ramassés en chignon bas dans la nuque et la bouche entrouverte. Contre sa gorge pendait un camée. Elle me fit tout de suite penser à Katherine. Je me souvins de la première fois que j'avais vu Mlle Molly et qu'elle m'avait, elle aussi, rappelé Katherine. À croire que celle qui m'avait transformé avait l'intention de revenir me hanter jusqu'à La Nouvelle-Orléans.

— Elle, annonçai-je en indiquant la fille d'un coup de menton.

Lexi m'adressa un regard sévère, comme si elle avait deviné que ma décision n'était pas innocente, mais elle se retint de creuser la question, préférant me conseiller :

— Fais le vide dans ton esprit ; laisse ton énergie pénétrer en elle.

J'acquiesçai et revis le moment, à bord du train, où mes pensées étaient entrées en contact avec celles de Lavinia. Je couvai la fille des yeux : elle riait à gorge déployée, la tête rejetée vers l'arrière, mais, au fur et à mesure que je me concentrai sur elle, elle baissa son regard sur moi.

— Bien, approuva Lexi dans un murmure. À présent, fais-lui passer tes instructions mentalement.

C'est cette partie-là qui m'avait manqué. Lorsque j'avais essayé de maîtriser le contrôleur du train, un millier de pensées avaient fusé dans mon cerveau à cause de tous les scénarios possibles, mais, dans cette profusion, je n'avais rien demandé de précis.

« Venez ici, lui ordonnai-je intérieurement, mes yeux dans les siens, dont la teinte rappelait celle du chocolat fondu. Venez à moi. »

Pendant un moment, elle ne quitta pas sa position, derrière le comptoir. Ensuite, néanmoins, elle avança d'un pas hésitant. « Oui, continuez. Approchez. »

Elle reprit sa marche, plus décidée cette fois, dans ma direction. J'avais imaginé qu'elle aurait l'air hébété, à l'instar d'une somnambule, mais elle ne semblait pas le moins du monde en transe. N'importe quel témoin qui passait par là aurait juré qu'elle venait simplement prendre notre commande.

— Bonjour, la saluai-je lorsqu'elle fut à notre hauteur.

— Soutiens bien son regard, me chuchota Lexi. Maintenant, dis-lui ce que tu veux.

« Asseyez-vous », pensai-je. Presque en même temps, la fille se cala entre Buxton et moi, sa cuisse tiède contre la mienne.

— Bonsoir, dit-elle sans ciller. Ça peut paraître étrange, mais j'ai eu la certitude soudaine que je devais m'asseoir ici, entre vous.

— Je m'appelle Stefan, me présentai-je avant de lui donner une poignée de main.

Mes canines, derrière mes lèvres, s'allongèrent tandis que mon estomac se nouait d'envie. Je la voulais. Il me la fallait absolument.

— Ne nous fais pas honte, furent les dernières paroles de Lexi alors qu'elle détachait son regard du mien pour le reporter vers les musiciens.

Je venais d'avoir la confirmation que, si elle n'excusait pas mes actes à venir, elle ne les condamnait pas pour autant.

« Proposez-moi de vous suivre dehors », commandai-je en pensée à la fille, une main sur sa cuisse. Mais, en prononçant mentalement la phrase, je jetai un œil à Lexi et perdis le contact visuel avec elle.

Elle changea de position, releva ses cheveux puis les laissa retomber dans son dos. Elle adressa un rapide coup d'œil au groupe, frottant de son index le bord d'un verre.

« Proposez-moi de vous suivre dehors », répétai-je dans ma tête, mon attention pleinement redirigée vers elle. Des gouttes de sueur perlèrent au niveau de mes tempes. Avais-je définitivement perdu le contrôle sur elle ?

Non. Elle finit par hocher faiblement la tête.

— Vous savez, il y a beaucoup trop de bruit ici et je voudrais vous parler. Ça vous dérange si on sort ? me demanda-t-elle en me fixant.

Je me levai dans un bruit de chaise.

— Bien au contraire.

Je lui offris mon bras.

— Ramène-la vivante, gamin, ou tu auras affaire à moi, me menaça une voix, si bas que je m'interrogeai sur la possibilité de l'avoir inventée.

En me tournant, je vis Lexi qui souriait en toute simplicité et m'adressait un signe de la main.

11.

Dehors, je laissai la fille m'entraîner à distance de la foule d'ivrognes jusque dans une ruelle, derrière un bar du nom de Calhoun's.

— Je suis désolée, dit-elle en haletant. Je ne sais pas ce qui m'a pris. Habituellement, je ne suis pas du genre effrontée, mais là, c'est juste que...

— Ne vous excusez pas, surtout, l'interrompis-je.

Un frisson la parcourut et j'enlaçai son corps menu. Elle se dégagea sur-le-champ.

— Ce que vous êtes froid ! s'exclama-t-elle sur un ton de reproche.

— Ah vraiment ? relevai-je avec nonchalance.

« Vous avez envie de m'embrasser », lui imposai-je mentalement.

Elle haussa les épaules.

— Ça ne fait rien. Je suis sensible aux écarts de température. Par contre, je connais un moyen pour qu'on se réchauffe, tous les deux.

Elle esquissa un sourire timide puis se hissa sur la pointe des pieds. Ses lèvres se pressèrent contre les miennes et, l'espace d'un instant, je savourai leur caresse chaude tout en sentant le sang de la fille couler dans ses veines alors qu'elle s'offrait à moi.

Ensuite, je fis un mouvement brusque vers son cou.

— Ahou ! protesta-t-elle. (Elle tenta de me repousser.) Arrêtez !

« Laissez-vous faire et alors je vous laisserai la vie sauve », songeai-je en usant de tout mon pouvoir pour contrôler ses pensées à ce moment crucial. Elle leva sur moi un regard plein de perplexité avant de se laisser à nouveau aller à mon étreinte, un masque d'intense satisfaction – qu'on aurait pu prendre pour un air endormi – sur le visage.

J'aspirai encore un peu de son sang sans oublier une seule seconde que Lexi et les autres m'attendaient tout près, dans le bar. Après, je remis la fille sur ses jambes. J'avais fait attention : les trous dans son cou étaient minuscules, presque invisibles pour un humain. Pourtant, j'ajustai son foulard pour les recouvrir.

— Réveillez-vous, murmurai-je à son oreille.

Ses paupières s'ouvrirent, mais son regard resta vide.

— Qu'est... Où suis-je ?

Je sentais son cœur s'accélérer alors qu'elle hésitait à pousser un cri.

— Vous êtes sortie aider un client qui avait trop bu, lui racontai-je. Vous pouvez retourner à l'intérieur. Je voulais simplement vérifier que tout allait bien.

Elle reprit ses esprits et son corps se détendit.

— Je vous prie de m'excuser, monsieur. D'ordinaire, la clientèle du Miladies ne cherche pas la bagarre. Merci de m'avoir assistée. Je vous sers un verre, aux frais de la maison.

Elle m'adressa un clin d'œil.

Je pénétrai dans le bar à sa suite et fus récompensé par un sourire de Lexi, assise à la table du coin.

Bon travail, mon garçon.

Je suivis la serveuse jusqu'à ce qu'elle ait regagné la sécurité de son comptoir en bois verni.

— C'est quoi, votre poison, à vous ? voulut-elle savoir, une bouteille de whisky à la main.

Elle paraissait pâle, comme quelqu'un qui couve un rhume. Dans mon ventre, en revanche, son sang était chaud.

— Je pense que j'ai mon compte pour la soirée, mademoiselle. Merci.

Je pris sa main pour la baiser avec la même douceur que celle avec laquelle j'avais marqué son cou.

12.

Le lendemain soir, Lexi frappa à la porte de ma chambre. Elle portait un manteau noir sur un pantalon assorti. Une casquette dissimulait la majeure partie de ses cheveux, exception faite de quelques boucles blondes qui tombaient de chaque côté de son visage.

— Je suis fière de ce que tu as fait hier, me complimenta-t-elle.

Je ne pus réprimer un sourire, m'étonnant moi-même de la rapidité avec laquelle je m'étais mis à chercher l'assentiment de Lexi.

— Tu as beaucoup bu de cette fille ?

— Non, pas beaucoup. Je me suis retenu, avouai-je.

Un voile passa sur son visage, que je n'arrivai pas à interpréter avec précision.

— Tu sais, j'étais comme toi, avant. Mais plus on boit de sang humain, plus on a soif. C'est une calamité.

Cela dit, il existe des solutions. As-tu envisagé de boire exclusivement du sang animal ?

Je répondis non de la tête.

— Tu as de la chance, je pars justement chasser. Et tu m'accompagnes. Mets des vêtements de couleur foncée et rejoins-moi en bas dans cinq minutes.

J'enfilai la veste de style militaire que j'avais trouvée dans le placard et dévalai l'escalier. Autant les commentaires de Buxton sur mon manque total d'expérience me hérissaient, autant les cours magistraux de Lexi sur la façon dont notre clan devait se nourrir pour survivre me réjouissaient.

Nous sortîmes sous un ciel de suie. J'humai l'air, cherchant à localiser l'humain le plus proche, mais m'arrêtai net en voyant le regard entendu de Lexi.

Au lieu de prendre à gauche, vers Bourbon Street et son animation, elle tourna à droite, serpentant dans des allées adjacentes jusqu'à atteindre une forêt. Au-dessus de nos têtes, les arbres, dénudés et fantomatiques, grattaient le ciel noir où brillait notre seule source de lumière : la lune.

— Il y a des cerfs, ici, m'apprit Lexi. Des écureuils, des ours, des lapins. Et aussi une tanière de renards par là, je crois, ajouta-t-elle. (Elle marchait en même temps dans les bois épais, couverts d'un tapis de mousse.) Leur sang a une odeur caractéristique de terre et leur cœur bat beaucoup plus rapidement que celui des humains.

Je la suivis à la trace. En silence et à toute vitesse, nous passions des arbres aux buissons sans gêner la vie qu'ils abritaient. D'une certaine façon, on aurait pu penser qu'on jouait à cache-cache ou simplement à un jeu de course-poursuite comme ceux auxquels se prêtent les garçons dans les cours d'école.

Lexi leva une main. Je m'arrêtai en plein élan, jetant des regards partout. Je ne remarquai rien d'autre que des troncs épais et des fourmilières, nichées dans des souches déracinées. Là, sans crier gare, Lexi bondit vers l'avant. Lorsqu'elle se releva, du sang gouttait de ses canines et elle affichait un sourire de contentement. Une bête était allongée sur les feuilles, par terre, ses pattes pliées comme si elle était encore en pleine course.

Lexi indiqua d'un geste la boule de poils roux inerte.

— Pas mauvais, le renard ; tu veux essayer ?

Je m'agenouillai, les lèvres déformées par une moue alors qu'elles entraient en contact avec la fourrure rêche. Je me forçai néanmoins à boire avec précaution une gorgée du liquide, sachant que c'était ce que Lexi attendait de moi. J'avalai et le sang me brûla immédiatement la langue. Je le recrachai vivement.

— Je suppose qu'on finit par y prendre goût, commenta Lexi, à genoux près de moi. Au moins, ça en fera plus pour moi !

Pendant qu'elle buvait, je m'adossai à un tronc d'arbre et tendis l'oreille à l'affût des bruissements de la forêt. Le vent tourna et, soudain, l'odeur ferreuse du sang emplit tout. Une odeur sucrée, épicée. Et elle ne venait pas du renard de Lexi.

Quelque part, non loin, battait un cœur humain. Soixante-douze fois par minute.

Sur la pointe des pieds, je passai à côté de Lexi et m'aventurai au-delà à l'orée du bois. Niché au bord d'un lac se trouvait un campement de fortune. Des tentes s'y dressaient, tirées sous tous les angles, tandis que de vulgaires cordes à linge étaient tendues entre des poteaux en bois. Le décor dans son ensemble semblait avoir été installé au petit bonheur la chance, comme si les occupants savaient pertinemment qu'ils pourraient devoir plier bagage à tout moment.

L'endroit avait l'air désert, à l'exception d'une femme qui prenait un bain, sous un clair de lune qui illuminait sa peau ivoire. Elle fredonnait en nettoyant la crasse sèche de ses mains et de son visage.

Je me cachai derrière un gros chêne, prêt à prendre la femme par surprise. Mais là, une grande affiche colorée épinglée sur un arbre, à côté, attira mon regard. Je m'approchai d'un pas. Une branche craqua et la femme pivota sur elle-même. Dans mon dos, je sentis la présence de Lexi.

— Stefan, chuchota-t-elle, consciente de ce qui se passait.

Seulement, cette fois, c'est moi qui brandis la main pour la faire taire. Un nuage de brume passa devant l'affiche, mais je parvins à lire sans difficulté ce qui était écrit : « La troupe de monstres de Patrick Gallagher vous invite au combat à mort du siècle : le vampire contre la bête sauvage ! Rendez-vous le 8 octobre. »

Je clignai des yeux et le portrait se matérialisa : il représentait un homme aux cheveux foncés, au visage ciselé et aux yeux bleu pâle. Sa bouche découvrait des canines allongées alors qu'il se tenait tapi face à un puma rugissant.

Ce visage, sur la photo... je le connaissais mieux que le mien.

C'était celui de Damon.

13.

Damon. À mort.

Les mots résonnaient dans ma tête tandis que je tentais de donner sens à ce que je voyais. Damon était vivant. Mais pour combien de temps ? S'il avait été capturé, il devait certainement être très affaibli. Comment pouvait-il affronter une bête affamée lors d'un combat et survivre quand même ?

La rage jaillit en moi, mêlée à l'habituelle douleur de sentir mes canines s'allonger. J'arrachai l'affiche en poussant un terrible grognement.

— De quoi s'agit-il ? m'interrogea Lexi, ses crocs également découverts.

Je lui présentai le papier.

— C'est mon frère, répondis-je, portant un regard d'incompréhension sur l'affiche. (Sur la photographie, il avait l'air d'un monstre. Un de mes yeux fut pris d'un tic nerveux.) Le combat a lieu dans deux jours.

Lexi hocha la tête en étudiant la publicité.

— Gallagher l'a trouvé, constata-t-elle, presque pour elle-même.

Je me tournai vers elle d'un air interrogateur.

Elle laissa échapper un gros soupir.

— C'est un homme d'affaires important. Il possède un grand nombre d'établissements locaux, y compris un cirque de pacotille où sont exhibés des phénomènes de foire. Il est toujours à la recherche de bêtes curieuses à montrer et les gens semblent toujours avoir suffisamment d'argent pour aller les voir. Ton frère...

— Damon, la coupai-je. Il s'appelle Damon...

— Damon, répéta doucement Lexi en suivant du doigt son profil sur l'affiche.

— Il ne mérite pas ça. Je dois l'aider. Seulement...

Seulement quoi ? Je n'allais tout de même pas croire que je pouvais le sauver ?

— Commençons par le trouver, décida Lexi. (Elle épousseta son pantalon couvert de feuilles et de terre.) Tu me fais confiance ?

Avais-je le choix ? Oubliant ma faim, je la suivis à travers la forêt jusque dans les larges rues silencieuses.

— Gallagher vit quelque part dans le Garden District, le quartier des nouveaux riches. Sur Laurel Street, si je ne m'abuse, expliqua-t-elle à voix basse alors que nous approchions du cœur de la ville. Ce genre d'incident s'est déjà produit, peu de temps après l'arrivée de Gallagher ici, il y a cinq ans.

— Que s'est-il passé ? m'enquis-je en la talonnant de près dans l'ombre.

— Il a trouvé un vampire. Il a un don pour nous mettre la main dessus. À moins que ce ne soit l'inverse.

L'autre vampire, en revanche, ne faisait pas partie de ma famille et...

Elle s'interrompit brusquement.

— Que lui est-il arrivé ?

Pour seule réponse, elle haussa les épaules. Nous étions parvenus au Garden District, avec ses vastes avenues et ses pelouses luxuriantes qui bordaient des maisons victoriennes aux couleurs pastel, autant de signes extérieurs de richesse.

— Nous y voilà !

Elle s'arrêta devant une maison pistache, entourée d'une clôture en fer forgé restée ouverte. Des magnolias et des lys calla ployaient par-dessus la grille, et dans l'air flottait un parfum de menthe. De l'autre côté, j'apercevais un immense parterre d'herbe qui couvrait un cinquième de la superficie de la propriété. J'eus un mouvement de recul alors que nous approchions, car dans le jardin de la verveine poussait en grande quantité.

Lexi fronça le nez.

— Il connaît tous les trucs, reconnut-elle avec amertume.

Nous franchîmes la grille. Sous nos pieds, le gravier du chemin qui encerclait la maison crissa légèrement. Des cigales chantaient dans les cimes des platanes. Depuis les écuries nous parvenait le bruit de chevaux battant leurs fers par terre.

Soudain, j'entendis un gémissement.

— Il est là-bas, derrière, déclarai-je.

Lexi jeta un coup d'œil au ciel. Des traînées orange commençaient à apparaître à l'horizon. Encore une heure, tout au plus, et l'aube serait là.

— Il va bientôt faire jour : on n'a pas assez de temps. Je ne me suis pas rendu compte de l'heure. Il faut que j'y aille.

Je lui lançai un regard noir.

— Je n'ai aucune protection.

D'un geste rapide elle désigna ma bague, sur laquelle je posai un regard gêné. Mon accessoire en lapis-lazuli faisait tellement partie de moi à présent que j'oubliais qu'il me distinguait du reste des vampires et me permettait d'aller et venir même en plein jour. Katherine avait veillé à ce que Damon et moi bénéficiions de ce pouvoir.

— On reviendra demain, décida Lexi. Les autres pourront nous aider.

Je refusai.

— Je ne peux pas le laisser.

Des oiseaux se mirent à pépier, et, tout à coup, un bruit de verre brisé retentit. La teinte d'orange, dans le ciel, devint plus soutenue, sa surface plus épaisse.

— Je comprends, conclut finalement Lexi. Fais attention. Ne joue pas au héros.

Je promis d'un mouvement de tête et scrutai le terrain à la recherche d'un garde ou d'un animal prêt à attaquer. Lorsque je relevai la tête, Lexi était déjà partie. J'étais livré à moi-même.

Je gagnai rapidement l'arrière de la maison et les écuries blanchies à la chaux. Des chevaux frappaient le sol avec nervosité ; ils devaient sentir ma présence. Les portes du bâtiment étaient cadenassées au moyen d'une chaîne en fer. Je tirai sur celle-ci pour la tester. Bien que j'aie à peine eu l'occasion de me nourrir depuis la veille, je n'aurais eu aucun mal à faire sauter les anneaux à mains nues. Pourtant, quelque chose m'en empêcha. *Ne joue pas au héros*. Les paroles de Lexi résonnèrent dans ma tête. Au cours des jours précédents, elle était devenue une sorte de mentor et je savais que j'avais tout intérêt à l'écouter. Mieux valait ne pas laisser de traces d'effraction et tâter le terrain avant de faire quoi que ce soit de précipité.

Je parvins je ne sais comment à détacher la chaîne, qui tomba contre la porte dans un grand bruit sec et métallique. Un cheval poussa un hennissement. Je marchai jusqu'à l'extrémité opposée de l'écurie, où une fenêtre poussiéreuse était fêlée.

— Grand frère ? murmurai-je d'une voix rauque par l'ouverture.

Les effluves écœurants de verveine emplissaient l'air et me donnaient la nausée. Dans un coin, une silhouette crasseuse lutta pour se redresser. Damon. Il était retenu par des chaînes aux poignets et aux chevilles, et sa peau était couverte de vilaines zébrures rouges. Les anneaux avaient dû être imprégnés de verveine. Je compatis à sa douleur en grimaçant moi-même.

Damon plongea ses yeux dans les miens.

— Tu m'as retrouvé, constata-t-il, le visage dénué d'expression. Content de voir que je suis à deux doigts de mourir, petit frère ?

— Je suis venu te délivrer, me contentai-je de répondre.

Les chevaux, agités, faisaient voler la sciure de leurs coups de patte. Je disposais de peu de temps avant que quelqu'un, dans la maison, s'aperçoive de quelque chose.

Damon haussa les épaules – un geste qui consomma clairement toute son énergie. Ses yeux étaient vitreux et injectés de sang. Une coupure traversait son front en passant par son sourcil. Il avait l'air affreux et émacié, il avait sûrement été privé de nourriture depuis plusieurs jours.

Je jetai des regards autour de moi dans l'espoir de trouver une petite bête – écureuil, lapin, tamia – pour la tuer et la lui donner.

— C'est donc celui qui tue de sang-froid qui va me sauver ?

Damon se força à sourire. Il s'adossa au mur, ses chaînes s'entrechoquant dans un bruit de ferraille.

— Oui, il faut qu'on...

Tout à coup, j'entendis une porte claquer, puis un chien aboyer. Je pivotai sur moi-même en direction de la résidence.

— Qu'est-ce que vous faites ici ? s'écria une voix.

Debout, les mains en l'air, je me figeai, incapable d'identifier avec certitude qui ou ce qui m'avait trouvé cette fois.

14.

Sans baisser les mains, je serrai les dents. J'avais déjà remarqué que, chaque fois que je ressentais la moindre contrariété, mes canines s'allongeaient et mes pupilles se dilataient ; or, je ne voulais pas passer à l'attaque sans savoir exactement à qui j'avais à faire.

— Jake ? Charley ? appela une voix féminine tandis que deux hommes larges d'épaules accouraient vers moi depuis le bâtiment principal de la résidence.

Ils étaient humains, c'était sûr, mais ils faisaient le double de moi. Ensemble, ils me saisirent par les bras même s'il ne me fallut qu'un instant avant de calculer froidement que je pourrais me dégager sans difficulté et m'en prendre à eux à mon tour.

Seulement, je luttai de toutes mes forces pour rester calme, les mains toujours en l'air, caressant l'espoir que je passerais pour un simple vagabond. Il n'y avait aucune garantie qu'une bagarre tournerait en faveur de Damon et serait synonyme d'évasion.

Une fille marcha vers moi depuis la véranda et s'arrêta à moins de un mètre.

— Je vous prie de m'excuser, lui dis-je. (Je fis semblant d'être essoufflé.) Je ne m'étais pas rendu compte que c'était une propriété privée. Je viens d'arriver en ville et je suis allé à la taverne et... enfin...

J'hésitai à poursuivre, ne sachant pas si mes mensonges me sauveraient ou non.

— Vous pensiez me voler ?

La fille avança d'un pas. Sa chevelure s'étendait dans son dos en boucles flamboyantes, et elle portait sur la tête ce que je soupçonnais être une couronne de verveine. Vêtue d'une chemise de nuit blanche, elle avait en revanche des bottes d'homme aux pieds. Ses mains étaient calleuses, signe que, bien qu'issue d'une famille aisée, elle n'était pas une fille à papa, trop gâtée.

— Non ! Pas du tout ! Je n'étais pas en train de voler. Je cherchais juste le vampire.

Elle fronça les sourcils.

— Pour le voler ? lança-t-elle, mains sur les hanches.

— Non ! répétai-je en tirant malgré moi sur le bras de l'homme qui me retenait prisonnier.

Étonné, il lâcha prise.

— Non, poursuivis-je en me forçant à ne plus bouger. J'ai vu l'affiche pour le spectacle près du lac et puis... poussé par la curiosité, je n'ai pas pu m'empêcher...

Je ponctuai ma tirade d'un haussement d'épaules. Un coq chanta. Les premiers rayons du soleil inondèrent le jardin, à l'arrière. Je jetai un œil à ma bague, soulagé que Lexi ne soit pas restée.

— Entendu. (La fille claqua des doigts et les deux brutes me lâchèrent.) Vous avez dit que vous étiez nouveau dans la région : d'où venez-vous ?

— Mys... Mississippi, brodai-je. De l'autre côté du fleuve.

Elle ouvrit la bouche comme pour parler, puis se ravisa.

— Bienvenue à La Nouvelle-Orléans, alors. Je ne sais pas ce qu'il en est dans le Mississippi, mais ici vous ne pouvez pas vous introduire de cette façon chez les gens pour aller inspecter leurs bêtes. Si vous recommencez, rien ne dit que vous tomberez sur quelqu'un d'aussi accueillant que moi.

Je résistai à l'envie de railler sa soi-disant hospitalité, surtout à en juger par l'état pitoyable dans lequel était mon frère.

— Dites-moi comment vous vous appelez, l'étranger.

— Stefan. Et vous êtes... mademoiselle Gallagher ?

— Malin, réagit-elle avec sarcasme. En effet. Callie Gallagher. C'est moi !

L'un des hommes fit un pas vers elle dans un réflexe de protection.

— Laissez-nous, commanda-t-elle. Je raccompagnerai monsieur Stefan.

— Merci, dis-je avant de la suivre d'une mine contrite sur le long chemin de gravier, devant la véranda de la maison, jusqu'à la grille. Merci de m'avoir fait confiance, ajoutai-je à cet endroit.

— Qui a dit que je vous faisais confiance ? releva-t-elle sèchement.

Un sourire amusé passa néanmoins sur ses lèvres.

— Alors disons que je vous suis reconnaissant de ne pas avoir laissé vos deux molosses me tuer.

Elle sourit, plus franchement cette fois, révélant des dents d'un blanc nacré dont une, sur l'avant, était légèrement de travers. Des taches de rousseur couvraient son nez retroussé. Elle dégageait un parfum sucré qui me faisait penser à une orange. Je m'aperçus que la dernière fois que j'avais trouvé une femme belle pour une autre raison que son nectar sanguin remontait à longtemps. Pourtant, la cruauté transparaissait derrière son apparente beauté : cette femme était après tout impliquée dans la capture de mon frère.

— Vous êtes peut-être trop beau pour être tué. Et puis, tout le monde a droit à un peu de gentillesse, ne croyez-vous pas ?

Je jetai un coup d'œil à ses mains abîmées et une idée me vint à l'esprit.

— Serait-il trop cavalier de ma part de requérir plus que votre gentillesse ?

Callie plissa le front.

— Ça dépend. De quoi s'agit-il ?

— Je cherche un emploi, déclarai-je, les épaules soudainement raides.

La fille secoua la tête d'un air incrédule.

— Vous voulez que je vous embauche ? Après avoir pénétré sur ma propriété par effraction ?

— Voyez cela comme l'expression de mon enthousiasme pour les... phénomènes de foire, racontai-je, n'ayant plus aucun mal à mentir à présent. Du fait que je viens de m'installer, j'ai de la peine à trouver du travail et, pour être tout à fait honnête, je vous avoue que j'ai toujours voulu faire partie d'une troupe de cirque.

Elle serra les mâchoires et je redoutai tout à coup qu'elle ne rappelle ses hommes de main. Au lieu de cela, elle observa mon pantalon usé de haut en bas et soupira.

— Quelque chose me dit que je vais le regretter, mais venez à Lake Road demain soir. On a besoin d'un nouvel ouvreur. Le dernier est parti avec l'un des membres de notre numéro de femmes obèses. Soyez là tôt. Mais je vous préviens, vous finirez tard : la soirée s'annonce longue, à cause du combat.

— Ah oui, le combat...

Je résistai à un nouvel accès de colère, les poings fermés, tournant sept fois ma langue dans ma bouche pour ne pas me trahir.

— Oui. (Elle sourit avec une expression de regret étrange.) Ce sera l'occasion pour vous de voir votre vampire en action.

— Vous avez raison.

Je sortis par la grille. Mais, si les choses se passaient selon mon plan, personne ne verrait le « vampire en action », car Damon et moi serions partis depuis longtemps, bien avant le début du combat.

15.

Le 7 octobre 1864

Quelque chose a changé. C'est peut-être simplement lié à l'âge de vampire adulte, une sorte de maturation accélérée jusqu'à ce stade. Ou peut-être est-ce dû à la tutelle de Lexi ? Ou alors, cela tient au fait que je suis confronté à un véritable défi, face à la mort, et que je sais maintenant que je ne pourrai étendre mon énergie en tuant pour le plaisir. Quelle qu'en soit la cause, le résultat est le même. Bien que l'odeur du sang soit omniprésente, je ne me sens plus attiré par la chasse pour le plaisir. C'est un sport distrayant. Mais ma faim, elle, doit être assouvie dans la rapidité plutôt que dans le plaisir.

Bien évidemment, la question est : comment vais-je libérer Damon ? En attaquant tout ce qui bouge ? En créant un mouvement de foule ? En convainquant Callie de retirer sa couronne de verveine afin de pouvoir la faire agir selon mes ordres ?

Seulement, Callie semble détenir un pouvoir qui lui est propre. Ses hommes de main et moi-même l'avons bien compris.

Naturellement, je suis plus fort. Et je n'ai aucun doute qu'en persévérant j'arriverai à mes fins. Je sauverai Damon, et ma récompense ultime sera la gorgée de sang que j'irai quérir dans le cou de Callie.

Je passai la journée entière à faire les cent pas dans ma chambre, créant un sillon dans la couche de poussière qui recouvrait le plancher en bois. Tous mes plans pour secourir Damon se succédaient dans ma tête à la vitesse de l'éclair, et à peine prenaient-ils forme que je les écartai parce qu'ils étaient trop ambitieux, trop risqués, trop destructeurs. J'avais déjà appris, lors du siège de Mystic Falls, qu'un faux mouvement pouvait causer un effet domino dans lequel la violence et le désespoir culminaient.

— On dirait un animal en cage, commenta Lexi, qui venait d'apparaître dans l'encadrement de ma porte.

Elle s'exprimait d'une voix légère mais les plis, sur son front, trahissaient son inquiétude. Je laissai échapper un long rugissement et enfonçai mes mains dans mes cheveux.

— Je me *sens* comme un animal en cage.

— Tu as réfléchi à un plan ?

— Non ! répondis-je dans un souffle, furieux. Et franchement, je ne vois même pas pourquoi j'essaie. Il me déteste. (Je baissai les yeux, honteux tout à coup.) Il m'en veut et me tient pour responsable de ce que nous sommes devenus.

Lexi soupira et s'approcha pour me prendre la main.

— Suis-moi.

Elle me tira hors de la chambre et nous descendîmes lentement l'escalier tandis qu'elle touchait de sa main pâle, au passage, les tableaux accrochés aux murs. Une épaisseur de crasse recouvrait tous les portraits. Je me demandai depuis combien de temps ils pendaient ici et si l'un de leurs modèles hantait toujours les lieux, qu'il soit vivant ou mort-vivant.

Sur la dernière marche, en bas, Lexi s'arrêta et décrocha un cadre du mur. Doré, il paraissait plus récent que les autres, avec son verre étincelant de propreté. Un garçon blond au regard sérieux semblait me fixer. Dans ses yeux bleus, je lisais une sorte de tristesse, même si son menton en galoche accentuait une attitude de défi. J'avais l'impression de l'avoir déjà vu quelque part.

— C'est ton...

— ... frère, confirma Lexi. Oui.

— Est-ce qu'il est...

Je n'osai pas terminer ma phrase.

— Non, il n'est plus de ce monde, dit-elle en suivant de l'index le tracé du menton du garçon sur le portrait.

— Comment est-il mort ?

— Quelle importance ? répliqua-t-elle sur un ton brusque.

— Aucune, j'imagine. (Je touchai le bord du cadre.) Pourquoi le garder ?

Elle laissa échapper un soupir.

— C'est un lien avec le passé et avec ce que j'étais avant de... (D'un geste de la main, elle engloba son corps.) Avant que je devienne *ça*. C'est important de ne pas rompre le dernier fil qui nous rattache à notre humanité.

Son regard se teinta de sérieux. Je comprenais ce qu'elle voulait dire. La façon dont elle restait en contact avec son ascendance humaine était son moyen à elle de garder le contrôle et d'honorer sa promesse de ne boire que du sang animal.

— Alors, tu es prêt à le sauver ?

Comme à l'accoutumée, Lexi n'attendit pas ma réponse pour sortir et je dus me presser de lui emboîter le pas. Ensemble, nous marchâmes en silence jusque chez Gallagher sous un ciel couleur d'encre de Chine.

Quinze minutes plus tard, nous tournâmes au coin de Laurel Street et la maison se profila sous nos yeux. Un homme de grande taille aux cheveux poivre et sel gravissait les marches du perron du bâtiment blanc, frappant chacune d'elles de sa canne au bout doré. Deux hommes en complet noir le suivaient, et tous trois semblaient plongés dans une conversation animée.

Lexi posa sa main sur la mienne.

— Gallagher.

Les hommes marquèrent une pause sous le porche.

— Je vous assure que le vampire que j'ai en ma possession est authentique. Je pourrais le faire abattre et vous vendre son sang ; vous amasseriez une fortune en le vendant comme bain de jouvence ou élixir de vie, déclara grossièrement Gallagher.

Mon estomac se retourna telle une carpe privée d'air. On s'arrachait les parties du corps de Damon avant même qu'il soit mort.

— Du sang, réfléchit à voix haute un homme trapu en frottant son crâne chauve comme s'il s'était agi d'une boule de cristal. Je ne suis pas certain que les gens auraient envie d'essayer. Par contre, combien voudriez-vous pour ses crocs ?

Les hommes pénétrèrent dans la vaste demeure, claquant la porte dans un grand bruit sourd. J'inspirai à pleins poumons : l'odeur de verveine, écœurante, me brûla les narines, mais je ne détectai la présence de Damon nulle part aux alentours.

Lexi poussa la grille puis pénétra sur la pelouse.

— Qu'est-ce que tu fais ? sifflai-je entre mes dents. Damon n'est plus ici d'après moi.

— Reste que tu dois découvrir à qui tu as à faire et à quoi t'attendre exactement. Plus tu en sauras, plus tu seras en mesure d'évaluer la meilleure marche à suivre.

J'approuvai d'un signe de tête et filai vers la maison à la suite de Lexi, dissimulé par les ombres. Nous nous cachâmes sous un rebord de fenêtre, à genoux. D'où nous étions, nous arrivions tout juste à voir les trois hommes, au salon, dans le fond. L'écho de la voix de Gallagher sortait par la fenêtre ouverte alors que, assis dans un fauteuil en cuir brun, les pieds surélevés, il tenait déjà un verre de porto à la main. Il portait une grosse bague en or.

Dans un coin, Callie Gallagher avait pris place, vêtue d'un bleu de travail abîmé sur une chemise en lin blanche. Sa chevelure rousse descendait dans son dos en une tresse nouée autour de brins de verveine. La tête baissée, elle était absorbée dans un grand livre de comptes. Un chapelet de verveine courait sur toute la longueur de la tablette en marbre de la cheminée et je remarquai plusieurs muselières pour vampire – du même type que celle que mon père avait utilisée pour maîtriser Katherine – jetées en travers d'une table, à l'extrémité d'un canapé.

— J'ai quelque chose d'autre qui pourrait vous intéresser, annonça Gallagher en plongeant son regard dans celui du plus âgé des hommes tandis que l'autre demeurait assis sans rien dire. Je n'ai pas voulu en parler dehors.

— Oui ? l'encouragea l'homme, se penchant soudain vers l'avant.

Il affectait une voix neutre, mais frottait ses doigts boudinés les uns contre les autres avec empressement.

— Le monstre porte une bague inhabituelle. Je n'en ai jamais vu de telle : en argent, avec une pierre bleue.

Visiblement, elle lui confère un pouvoir supplémentaire. Aucun de mes hommes n'est parvenu à la lui retirer, mais, lorsqu'il sera mort...

— Père ! le coupa Callie.

Les deux hommes la dévisagèrent.

— Oui, ma fille ? demanda Gallagher sur un ton grave.

— J'ai examiné les livres de comptes et nous allons gagner une fortune en le gardant vivant. C'est ce qu'il y a de mieux pour le spectacle.

Bien qu'elle ait parlé affaires, elle ne s'exprimait pas du tout avec un air intéressé.

— Oui, chef. (Gallagher se mit à rire mais, à la manière dont sa veine battait au niveau de la tempe, je savais qu'il n'appréciait pas l'intervention de Callie.) Sers-nous donc un peu de brandy, ma fille.

Elle se leva et quitta la pièce d'un pas précipité. Je me surpris à ressentir une pointe de compassion, voire à me sentir proche d'elle. Je ne connaissais que trop bien les pères entêtés. Je n'avais jamais voulu que satisfaire le mien, mais Giuseppe Salvatore croyait toujours tout savoir mieux que tout le monde. Une fois. Une fois seulement, je lui avais fait l'affront de lui désobéir, et il m'avait tué pour me punir.

— Comme je le disais, la bague... reprit Gallagher.

Instantanément, je reportai mon attention sur la conversation.

— Tuez ce monstre et j'achète tout. Les crocs, le sang, la bague. Tout. Je vous en donnerai un excellent prix, promit le vieil homme d'une voix tremblante, sans vraiment cacher sa joie.

Juste comme je m'apprêtais à bondir pour faire voler en éclats la vitre me séparant de l'homme qui envisageait de vendre mon frère morceau par morceau, deux mains fermes se refermèrent sur moi pour me tordre les bras dans le dos et me pousser jusque dans la rue.

— Stefan, ressaisis-toi ! m'ordonna Lexi dans un souffle alors qu'elle continuait à me traîner sur le trottoir.

Ce n'est que lorsque nous fûmes parvenus au coin de Laurel Street qu'elle me lâcha.

— Cet homme... est un sadique ! m'exclamai-je, plein de rage.

— C'est un homme d'affaires. Il veut tuer ton frère et, s'ils découvrent ton existence, ils voudront certainement te réserver le même sort, rétorqua Lexi en rejetant sa longue tresse blonde par-dessus son épaule.

Mille pensées fusèrent dans mon esprit.

— Et la fille ? lançai-je.

Lexi laissa échapper un grognement moqueur.

— Quoi, la fille ?

— Elle pense qu'il faut garder Damon en vie. Elle convaincra peut-être son père, avançai-je avec l'énergie du désespoir.

— N'y pense même pas. Elle est humaine ; elle écoutera son père jusqu'à la fin de ses jours, expliqua Lexi d'une voix quasi inaudible car un couple passait à côté de nous.

L'homme nous salua d'une inclinaison de chapeau et Lexi répondit d'une courbette. Aux yeux d'autrui, nous formions un jeune couple sorti se compter fleurette au clair de lune.

— La vie de Damon est en jeu, rappelai-je avec frustration. (Lexi avait proposé son aide, mais en réalité avait paru ne servir qu'une fin : me dissuader d'agir.) On ne va pas rester sans rien faire !

— Je sais que tu trouveras un moyen de le sauver, dit-elle fermement.

Nous empruntâmes une nouvelle rue et la flèche de l'église faisant face à la maison de Lexi apparut.

— Stefan, il faut que tu te rappelles que te contrôler lorsque tu es avec des êtres humains dépasse de beaucoup le simple fait de ne pas les attaquer. (Lorsque nous atteignîmes le porche, à l'arrière, elle s'arrêta et posa ses mains sur mes épaules pour me forcer à regarder au fond de ses yeux ambre clair.) Sais-tu pourquoi, en vérité, on ne boit pas de sang humain ?

— Pourquoi ?

— Parce que si on ne boit pas de leur sang, on n'a pas besoin d'eux, justifia-t-elle d'une voix ténue.

Elle ouvrit la porte. Buxton, Hugo et Percy étaient rassemblés autour de la table basse, en pleine partie de poker. À notre entrée, ils levèrent les yeux et Buxton plissa les siens dans ma direction.

— Les garçons, nous sortons danser ce soir. Un peu de légèreté nous fera le plus grand bien, décréta Lexi en se servant un verre de sang de la carafe qui trônait sur une table, près du canapé. (Elle balaya la pièce du regard. Les trois intéressés approuvèrent d'un hochement de tête.) Stefan, tu te joins à nous ?

Je fis signe que non. Je n'étais pas d'humeur légère. Je rejoignis la solitude de ma chambre, où je comptais déterminer la meilleure façon de délivrer Damon.

16.

En vain, je tentai de trouver la paix dans le sommeil : jamais je ne m'endormis. Chaque fois que je fermai les yeux, je voyais le visage de mon frère, ses jambes attachées à une chaise en bois inconfortable, ses bras tailladés par des cordes. Il saignait – un liquide d'un rouge-brun – là où les cordes imbibées de verveine entraient dans sa chair.

Ensuite me venaient des images de Callie, de sa chevelure rousse flottant derrière elle, de ses pupilles brillant d'une passion à faire froid dans le dos. Avec son père, elle dansait autour de Damon, allongé par terre. Ils tendaient les mains vers le ciel, serrées autour de pieux si aiguisés qu'ils se terminaient en une minuscule pointe. Au fur et à mesure qu'ils refermaient le cercle sur mon frère, leurs mouvements devenaient plus frénétiques, la pression autour de leurs armes plus réelle, menaçante...

Mais le pire, c'était les visions de Katherine. Je la voyais parée de son éternelle beauté, son visage au teint de porcelaine penché sur le mien, sa crinière blonde me chatouillant les épaules. Avec un sourire faussement timide et complice, elle s'approchait avant d'ouvrir la bouche. Ses crocs étincelaient sous la lumière blafarde au moment de s'enfoncer dans la chair de mon cou.

J'ouvris soudain les paupières. Le sommeil paisible se refusait à moi. Je me remémorais d'autres images de Katherine. L'humain en moi – du moins ce qui en restait – la détestait de toutes ses forces. Sans faire exprès, je fermai ma main dans un poing en songeant à elle et à la façon dont elle avait détruit ma famille.

En revanche, le vampire en moi se languissait de ce qu'elle avait représenté : la stabilité et l'amour. Et, à l'instar de cette partie de mon âme qui vivrait à jamais, le fait qu'elle me manquait pour ces raisons était éternel. J'aurais voulu qu'elle soit là maintenant, près de moi, enroulée dans mes draps. J'aurais voulu qu'appuyée contre le rebord de fenêtre elle m'écoute lui parler de Damon et me dise calmement, voire avec froideur et prosaïsme, quoi faire. Avoir Katherine à mes côtés avait anéanti mes peurs, m'avait doté d'une confiance à toute épreuve. Avec elle, tout devenait possible.

J'avais beau avoir foi en Lexi, je n'étais pas sans savoir qu'elle ne me faisait pas confiance pour gérer les choses... Elle doutait qu'un de mes plans puisse fonctionner. C'est pour cette raison qu'elle me rappelait sans cesse les nombreux obstacles qui se dressaient sur mon chemin. La Katherine qui me manquait et dont j'étais tombé amoureux, elle, n'avait peur de rien, et surtout elle croyait en moi. J'aurais tout donné pour qu'elle soit près de moi à cet instant, pour qu'elle abolisse ma solitude. Pourtant, je savais que c'était impossible. Et que cette Katherine n'avait jamais réellement existé. En outre, elle avait disparu. À jamais.

La porte s'ouvrit sur Lexi, un verre de sang d'animal à la main. Elle le porta à mes lèvres, et j'en bus plusieurs longues gorgées en dépit de la répulsion qu'il m'inspirait.

Le verre vidé, elle le posa sur la table de chevet et dégagea les mèches de mon front.

— Tu comptes toujours aller assister au combat ce soir ?

— Tu as pour ambition de m'en empêcher ?

— Non. (Elle se mordit la lèvre.) Pas si tu t'en tiens à libérer ton frère. La revanche est une affaire d'hommes, et ce n'est pas en tuant Gallagher que tu donneras une leçon aux êtres humains.

J'acquiesçai d'un mouvement de tête tout en sachant que je ne reculerais devant aucune brutalité pour sauver mon frère.

— Je préfère ça.

Lexi se tourna pour partir. À mi-parcours, elle pivota et plongea ses yeux dans les miens, et son regard s'adoucit.

— Tu as échappé à la mort une fois. J'espère que tu y échapperas encore.

Après m'être habillé, je me rendis à Lake Road à la cadence normale d'un humain. Lorsque j'arrivai, la nuit était déjà tombée. Des lanternes et des torches balisaient le périmètre de la fête foraine au point qu'on se serait cru en plein jour. Le chapiteau était rayé de rouge et de blanc, et entouré de jeux et de stands individuels.

« La bonne aventure ! » annonçait une affiche au-dessus de l'un d'eux. « N'ayez pas froid aux yeux : venez voir la femme la plus laide du monde ! » provoquait une autre. J'entendais des petits bruits d'animaux dans un coin reculé, mais je ne sentais pas la présence de Damon. Au même moment, Callie surgit de la tente principale, suivie de son père et de ses deux hommes de main. Elle portait le même habit de travail que la veille sur une chemise en lin pour homme. Ses cheveux, détachés, tombaient sur ses épaules. Une trace de crasse bordait un de ses yeux, en dessous. Je fus pris d'une soudaine envie de l'essuyer, mais me retins en enfonçant mes mains dans mes poches.

— Stefan ! m'appela-t-elle en souriant. Vous êtes arrivé. Père, voici l'homme dont je vous ai parlé.

M. Gallagher était encore plus impressionnant vu de près. En taille, il me dominait et m'observait sous des sourcils sombres froncés. Je restai pour ma part ouvert, avec une expression de neutralité innocente. D'après Lexi, l'homme était doué pour chasser les vampires. Serait-il capable de découvrir mon secret rien qu'en m'observant ?

— Ma fille prétend que vous vous intéressez aux vampires. Eh bien, prouvez-moi votre sérieux en vendant les billets et ensuite nous parlerons.

— Oui, monsieur.

Je hochai la tête, ayant soudain renfilé le costume de Stefan, le fils obéissant.

— Hé, garçon ?

Gallagher s'était retourné vers moi.

— Oui ?

— Tu veux parier sur le combat de ce soir ? Le vainqueur remportera un gros lot. Ça pourrait faire ta fortune.

Il leva un sourcil interrogateur. Je plissai les yeux. Dans mes veines, le sang s'était mis à bouillonner. Comment cet individu osait-il me proposer de parier sur la vie de mon frère ? Pour qui se prenait-il avec ses grands airs, alors qu'il ne me faudrait pas plus d'une seconde pour l'égorger ?

— Stefan ? m'interpella sa fille avec prudence.

J'usai de toutes mes forces pour me calmer et enfonçai les mains dans les poches de mon pantalon usé pour les retourner.

— J'ai bien peur de ne pas avoir d'argent, monsieur. C'est bien pour cela que je vous suis si reconnaissant de pouvoir travailler ici.

Gallagher fit un pas vers moi.

— Tu dis que tu viens du Mississippi, mon garçon ? (Il m'examina avec curiosité.) Ton accent semble pourtant de plus au nord... De Virginie peut-être ?

— Mes parents étaient originaires de Virginie. Leur accent a dû déteindre sur moi, répondis-je avec autant de décontraction que possible.

Après un long moment, il hocha la tête.

— Eh bien, quand tu auras rempli tes poches, viens me voir. En attendant, Callie te montrera ce que tu dois savoir. Et, garçon... ajouta-t-il par-dessus son épaule.

— Oui, monsieur ?

— Je t'ai à l'œil !

— Ne vous en faites pas, me conseilla Callie, une fois son père à une distance raisonnable.

— Je ne m'en fais pas, mentis-je.

Ses yeux verts m'examinèrent derrière des paupières papillonnantes, et on aurait dit qu'elle ne me croyait pas. Elle ne releva pas pour autant.

— Je vais vous faire visiter, offrit-elle en m'escortant à l'intérieur d'une des plus petites tentes.

Dans un coin, une femme était courbée au-dessus d'un miroir. Elle se tourna et je reculai d'un pas. Son visage était couvert de tatouages qui, à y regarder de plus près, avaient été faits au moyen d'une encre de Chine à séchage rapide.

— La femme tatouée, annonça Callie, et les frères siamois.

Tous trois nous firent un signe de la main. Les siamois étaient reliés au niveau de la taille. Ils étaient superbes, avec leurs cheveux blonds et une expression de tristesse sur le visage. Un homme avec des nageoires à la place des bras leur murmura quelque chose à l'oreille, et ils échangèrent un bref regard avant d'éclater de rire.

— Voici le spectacle, m'apprit Callie en écartant les bras et, pour la première fois, je remarquai un pieu en bois qui pendait à un bracelet en argent à son poignet.

Derrière l'oreille, elle avait également un brin de verveine.

— Mademoiselle Callie !

Une sorte de géant se pencha pour passer dans l'ouverture de la tente et marcha vers nous. Il prit Callie par la taille et la fit virevolter dans les airs.

— Arnold ! dit-elle joyeusement. L'homme le plus fort du monde. Il est marié à la femme à barbe, m'expliqua-t-elle avant de reporter son attention sur l'intéressé. Comment va Caroline ?

Le géant haussa les épaules.

— Bien. Elle est impatiente de revenir et de présenter les bébés à tout le monde.

— Ils viennent d'avoir des jumeaux, m'informa Callie avec tendresse.

Je saluai l'homme d'un signe de tête et jetai un œil par-dessus l'épaule de Callie. Où pouvaient-ils retenir Damon ?

— Tout va bien ? voulut savoir Callie.

Elle m'effleura le bras et je tressaillis au contact de la verveine.

— Besoin d'air, c'est tout, déclarai-je en sortant de la tente à grandes enjambées.

Callie me courut après.

— Je suis désolée, Stefan, commença-t-elle d'une voix froide. Certaines personnes n'aiment pas venir ici. Elles se sentent mal à l'aise. Mais, je ne sais pas pourquoi, j'ai pensé que vous seriez différent.

— Il ne s'agit pas de ça. (Même entouré de ces curiosités humaines, je restai le plus étrange d'entre tous : moi, le vampire qui se faisait passer pour un humain.) C'est juste que... j'ai beaucoup de choses en tête pour l'instant. Croyez-moi : j'aime bien cet endroit.

— Entendu, répondit-elle d'un ton qui n'exprimait pas la conviction.

Elle continua néanmoins à me faire faire le tour du propriétaire. Nous passâmes devant un chat à deux têtes, un singe au regard triste qui jouait *Old Tom Dooley* à l'harmonica et le squelette d'une créature désignée par un écriteau comme un monstre des mers. Certains des personnages de numéro qui grouillaient dans ces lieux jouaient la comédie – c'était évident – et s'étaient cousu des manches en tissu remplies de paille pour simuler des membres supplémentaires ; d'autres, en revanche, étaient nés ainsi.

— Venez, dit Callie en me tirant par le bras.

Mais je ne bougeai pas. Un chariot en fer noir remontait vers la tente, semblable à celui que Père avait utilisé pour y entasser les vampires durant le siège de Mystic Falls. Le véhicule s'arrêta et le conducteur sauta à terre. Aussitôt, cinq hommes à forte carrure se précipitèrent vers l'engin, armés de pieux. Une fois qu'ils eurent pris place tout autour, le chauffeur déverrouilla l'arrière. Le parfum de verveine qui flottait dans l'air rendait mes articulations douloureuses.

Damon.

— Voici justement votre vampire, commenta Callie.

Elle pinça les lèvres tandis que les cinq hommes tiraient mon frère hors du chariot. L'un d'eux, particulièrement large, les manches de son tee-shirt trempé de sueur roulées jusqu'aux coudes, gardait un pieu fermement pointé contre son cœur.

— Tout doux, Jasper ! On a besoin de lui vivant pour le combat ! s'écria la fille du patron d'une voix acerbe.

Damon tourna sur lui-même, révélant ses crocs à notre intention, et je lus la surprise dans ses yeux, laquelle se changea rapidement en mépris.

— Mon petit frère, le Bon Samaritain, dit-il entre ses dents.

Par chance, il murmura si bas que je fus le seul à percevoir ses mots. En l'entendant, mon corps fut parcouru de frissons. Callie pencha la tête et je m'aperçus soudain des risques que je prenais en étant si près de Damon. Sa malveillance le pousserait-elle à me dénoncer comme un autre vampire ?

— Vous êtes certaine que je ne peux rien faire pour vous aider avec le vampire ? demandai-je à Callie.

— Vous avez entendu mon père. On va commencer par vous faire travailler à la billetterie. Si quelqu'un essaie d'entrer sans payer, avertissez Buck et il s'en chargera.

Elle indiqua la brute qui la suivait partout comme son ombre, une ombre disproportionnée.

Du brouhaha s'éleva devant le chapiteau. Callie siffla alors que nous approchions. Le battant d'entrée était bien fermé. Le guichet, en bois, avait été pris d'assaut par la foule. Une partie, en pantalons tout déchirés, avec des mains sales, venait à n'en pas douter des bas quartiers qui entouraient le lac. D'autres personnes, au contraire, étaient vêtues de leurs plus beaux atours : les hommes en vestons de soie, coiffés de hauts-de-forme, les femmes en robes soyeuses et chapeaux parés de plumes, des visons autour du cou.

Callie se tourna pour me faire face ; ses yeux pétillaient.

— On n'a jamais eu autant de monde. Père va être tellement content ! (Elle battit des mains.) Maintenant, allez aider Buck, me commanda-t-elle avant de partir en courant vers l'autre côté du chapiteau.

Debout devant la billetterie, je tendis l'oreille à l'affût d'un signal sonore de Damon, mais seules des bribes de conversations entre humains me parvinrent.

— J'ai misé cent dollars sur l'animal.

— Non, le vampire. Les monstres l'emportent toujours sur les bêtes.

— J'ai dit à cette jolie dame ici présente qu'elle me devrait un baiser si la bête gagne.

L'homme, ivre selon toute vraisemblance, fut pris d'une violente crise de hoquet. Je serrai les dents, luttant contre l'envie de leur sauter dessus, de leur arracher la tête et tous les membres, de leur donner une bonne leçon. Mais je repensai aux paroles de Lexi sur la vengeance. Tuer ces gens n'aiderait pas Damon.

Une main me tapa sur l'épaule. Dans une volte-face, je m'apprêtai à découvrir mes crocs.

C'était Gallagher, le visage rougi d'excitation.

— Pressons-nous, fiston ! Le combat est sur le point de commencer et plus on en fait entrer, meilleure la paie sera.

Il sauta sur un cageot de pommes renversé qui se trouvait juste à côté de l'entrée.

— Avancez, braves gens ! Bienvenue dans mon curiosarium ! Venez voir la femme la plus laide au monde et vous émerveiller devant l'homme le plus fort que la terre ait jamais porté ! Mais il ne s'agit que d'une mise en bouche. Car ce soir nous avons droit à un combat royal entre des adversaires jamais vus. Le monstre contre la bête. Qui va l'emporter, d'après vous ? Qui veut parier ? Ce face-à-face, en effet, pourrait assurer la fortune à certains d'entre vous.

La foule se resserra autour de moi, grouillant comme un essaim d'abeilles.

Gallagher m'adressa un large sourire.

— Fais-les entrer ! Et fais-les parier surtout !

Je tendis donc la main en vue de collecter pièces de monnaie et morceaux de papier orange, me forçant chaque fois à ne pas allonger encore un peu le bras pour leur tordre le cou avec la même facilité que s'il était agi d'une branche morte, avant de m'y abreuver.

18.

Après avoir vendu le dernier billet d'entrée et pris toutes les mises en dollars qu'on me tendait, je me glissai sous le chapiteau, derrière un homme obèse qui tenait dans ses poings ramassés deux liasses de billets pleins de sueur. L'air était saturé d'odeurs de transpiration, de sciure et, bien évidemment, de sang.

Les curieux affluaient, dépensant toujours plus pour se pâmer devant l'homme le plus fort du monde et la femme tatouée, tous alignés à intervalles réguliers le long du chapiteau. La majeure partie de la foule vociférait néanmoins autour de Jasper. On pariait de grosses sommes à grand renfort de cris, de gestes nerveux de la main, on troquait des liasses de billets graisseux dans tous les sens. Jasper, la mine joyeuse, mastiquait son cigare trempé et observait la scène en riant.

Des marins sortaient des devises étrangères de leur portefeuille tandis qu'une poignée d'adolescents mettaient en commun leurs pièces de monnaie. Des hommes vêtus de beaux habits agitaient, eux, des pièces d'or.

— Le combat ! Le combat ! Le combat ! se mit à hurler un spectateur au visage rougeaud.

Aussitôt, les gens, debout à côté de lui, se mirent à scander ces paroles à leur tour. Trois femmes richement vêtues, les boucles de leurs cheveux ramenés sur le haut de leur tête, échangeaient des regards en gloussant et faisaient écho aux acclamations, leurs voix de contralto contrastant avec celles de baryton des hommes.

Gallagher pénétra dans le chapiteau à grands pas ; derrière lui, sa canne traça un sillon dans la sciure. Les spectateurs pivotaient de tous côtés et se tordaient le cou pour l'entrevoir. Sous le chapiteau, il devenait une attraction aussi importante que les phénomènes de foire qu'il possédait. Après tout, il s'agissait de l'homme qui avait réussi à capturer un vampire.

« Sois fort, grand frère », l'encourageai-je dans ma barbe en songeant à toutes les batailles que Damon et moi avions gagnées à Mystic Falls.

Mon frère n'avait initié aucun de ces combats mais avait toujours été doué pour la bagarre ; souvent, il assénait le premier coup de poing alors que l'affrontement commençait seulement. C'est pour cette raison qu'on le respectait autant à l'armée. Seulement aujourd'hui, dans une lutte contre un puma, sachant, surtout, qu'il ne s'était pas nourri depuis plusieurs jours... J'en tremblai.

— Grand frère ? tentai-je, d'une voix si basse que seules ses oreilles pourraient percevoir.

J'espérais que, d'une façon ou d'une autre, il me réponde même si je n'étais pas certain qu'il m'ait entendu. Si c'était le cas, il ne répondit rien.

— Et maintenant il est temps de faire les présentations !

La grosse voix de Gallagher me sortit de ma rêverie. Deux dresseurs, portant des gants de cuir et des bottes qui remontaient jusqu'au-dessus des genoux, pénétrèrent sur le ring avec un puma galeux enfermé dans une cage. L'animal avait une fourrure rayée d'un gris fauve fatigué, et des dents jaunies par le tartre. Malgré son corps amaigri, il avait l'air féroce. Et affamé. Comme par hasard, il poussa un rugissement juste à ce moment.

— D'un côté, le puma. Mais il ne s'agit pas d'un félin ordinaire. C'est le Vengeur de l'Alberta ! Il a traversé la frontière canadienne à la recherche du chasseur qui avait abattu sa femelle. Il a éventré le chasseur, sa femme et tous leurs enfants à l'exception du plus jeune, dont il a mangé les jambes, lui laissant la vie sauve pour qu'il puisse rapporter cette histoire. Depuis lors, vous avez pu suivre les aventures du puma dans les journaux car il s'est délécté de la vie d'innocents, au Nord comme au Sud, sans préjudice. Si ce soir il est parmi nous, c'est parce que nous avons réussi à le capturer alors qu'il s'apprêtait à embarquer clandestinement sur un bateau en direction des Andes, en Amérique latine. Mesdames et messieurs, le puma ! hurla Gallagher, au paroxysme de la mise en scène.

La foule exprima son enthousiasme par des salves d'applaudissements. Certains spectateurs allèrent jusqu'à pousser des acclamations.

— Face à lui, un vampire légendaire qui terrifie les enfants et leurs familles depuis des siècles. Viktor le Cruel est né en 1589 et fut l'héritier de l'empire Habsbourg jusqu'à ce qu'il goûte au sang pour la première fois – celui de sa sœur, plus précisément – et se lance dans une quête sanglante longue de trois siècles, laissant derrière lui, à travers le monde, des milliers de corps vidés de leur sang. À raison de deux par jour selon les estimations, le total des victimes de Viktor se porte à un million et demi. Ce soir, cette soif de sang intarissable continue sous vos yeux !

Les applaudissements reprirent de plus belle, avec une nervosité croissante, et les acclamations redoublèrent. Gallagher écarta les bras au maximum et Damon fit son entrée sur le ring, cerné par quatre hommes. Il était enchaîné au niveau des poignets et des chevilles tandis que son visage était en partie masqué par une muselière. Sa peau saignait à cause de la verveine, ses yeux étaient injectés de sang et il affichait une expression qui m'était inconnue.

Je comprenais sa haine ; personnellement, je devais résister de toutes mes forces à l'irrépressible envie de massacrer toutes les personnes responsables de sa capture. Mais sa détention l'avait changé. Damon m'avait traité d'assassin au sang-froid, seulement, au fond de ses yeux, je décelai quelque chose qui n'avait rien à voir avec le fait de tuer pour le plaisir ou pour sa propre survie. Ce que je lisais, c'était une soif de sang. Pure et dure.

Le silence se fit sous le chapiteau. Le puma s'agita violemment dans sa cage pendant que Damon se contentait de rester debout dans son coin du ring, comme s'il n'était pas conscient de ce qui l'attendait tout de suite après.

— Et... c'est parti ! annonça Gallagher dans un cri.

Aussitôt, l'escorte de Damon défit ses chaînes puis ouvrit la porte de la cage du puma et quitta le podium en courant. Le félin bondit sur Damon, le heurtant au niveau de la poitrine. Mon frère laissa échapper une plainte douloureuse et tomba en arrière. Ensuite, avec la même rapidité, il se releva et poussa un rugissement, son visage soudain rougi et ses crocs sortis. Je savais que c'était une réaction instinctive la puissance de mon frère affleurait à la surface car il avait été attaqué. Je l'avais appris au cours des semaines précédentes : notre condition nous entraînait à faire des choses avant même que nous nous en apercevions. En dépit de la faiblesse apparente de Damon, son pouvoir restait intact.

Le puma se propulsa à nouveau sur mon frère, qui esquiva en se baissant ; il passa ainsi sous les griffes de l'animal et se redressa juste à temps pour planter ses mains dans le cou de la bête. Celle-ci se dégagea et Damon accomplit plusieurs roulades avant d'aller s'écraser contre le filet du ring.

Il émit une nouvelle plainte et resta étendu à terre. Le puma s'approcha de sa proie avec l'assurance du vainqueur.

La foule, en liesse, se déchaîna. Des amis se tapaient dans les mains comme s'ils avaient personnellement gagné le combat.

L'un des hommes qui avaient accompagné Damon sur le ring lui donna un coup pour le faire réagir. Mon frère se releva sans regarder et projeta l'homme dans les gradins. Alors que ce dernier peinait à se remettre debout, les deux spectateurs qui se trouvaient à côté le rouèrent de coups de pied dans le ventre puis le laissèrent tomber par-dessus la rambarde arrière, hors de vue.

Damon ne prêta aucune attention à l'échauffourée ; il se rapprocha au contraire du centre du ring, où il laissa le puma lui tourner lentement autour.

Après un long silence, Damon produisit un **grognement** sauvage, puis se précipita sur l'animal. Celui-ci rugit en réponse et chargea. Cette fois, Damon fit une feinte de côté et, lorsque le puma le rata, il le saisit par le cou. Avec une poigne que personne n'anticipait, Damon retourna la bête sur le dos. Il s'apprêtait à sauter sur elle pour lui porter le coup fatal lorsqu'elle se remit sur ses pattes, juste avant de planter ses griffes dans le bras de mon frère.

Le puma fit virevolter Damon dans les airs, telle une mouche sur le fil d'une canne à pêche. La chair finit par céder et Damon, une traînée de sang derrière lui, s'abattit par terre.

Damon lutta pour se redresser, une main sur son bras blessé. Il ne guérissait pas à la vitesse normale des vampires – un effet de la verveine, peut-être ?

Il avait besoin de sang ; c'était évident. Son instinct de survie et la décharge électrique déclinaient. J'étais sur le point de fondre sur le ring pour offrir en guise de repas à mon frère l'homme obèse devant moi, lorsqu'une main chaude se posa sur mon bras.

Callie.

— C'est affreux. (Elle serrait sa robe si fort dans sa main que ses jointures avaient perdu toute couleur. Entrouvertes, ses lèvres tremblaient.) Je ne peux plus supporter ce spectacle : c'est de la barbarie.

— Alors dites à votre père d'arrêter le combat.

Dans les gradins en bois, le public battait des pieds de plus en plus vite, pour accompagner l'accélération de son rythme cardiaque. Les éclaboussures de sang sur la sciure ne leur suffisaient pas : c'est une véritable mise à mort qu'ils voulaient voir.

À présent, Damon avançait à pas feutrés vers la bête, accomplissant des cercles autour d'elle tandis qu'enroulée sur elle-même, voûtée, elle le suivait des yeux. Tout à coup, mon frère passa à l'attaque à la vitesse de l'éclair, si bien que le puma tourna puis se retourna tant de fois qu'il donna l'impression de se pourchasser lui-même.

La foule devint soudain silencieuse et seuls les halètements bruyants de Damon et de l'animal se firent entendre sous le toit du chapiteau. Mon frère continua à tourner autour de sa proie, trop vite pour qu'elle puisse suivre.

Un hoquet de surprise s'éleva parmi les spectateurs au moment où Damon assaillit le puma, qui, avant de pouvoir comprendre d'où il venait, reçut un coup de mâchoire au niveau de la gorge. Damon mordait de toutes ses forces, tenant bon malgré les coups de patte furieux du puma.

Callie se cramponna à mon bras. Les yeux rivés sur le ring et le corps tendu, j'étais prêt à bondir vers la cage si je devais intervenir.

Les mouvements du puma ralentissaient de plus en plus. Chaque fois qu'il essayait de se rebiffer, un nombre croissant de jets de sang mouchetaient la sciure au sol. Sa patte arrière gauche montrait des signes de faiblesse ; tremblante, elle commençait à traîner par terre. Damon découvrit ses crocs et recula pour prendre de l'élan au moment de viser une des jugulaires de l'animal.

Au même instant, le puma agita violemment son arrière-train et se libéra de l'emprise de Damon. Alors que celui-ci s'efforçait de se hisser sur ses jambes, la bête avança et referma ses mâchoires dans son flanc.

La foule haleta une nouvelle fois puis hua.

Poings fermés le long du corps, je m'adressai par la pensée à mon frère : « Bats-toi ! »

Damon, devenu soudain inerte dans la gueule de l'animal, rappelait un chausson qu'un chien aurait agité entre ses crocs. Le puma l'envoya percuter le sol puis rejeta la tête en arrière, mâchoires tout ouvertes. Mais, juste au moment où il se propulsait vers l'avant, Damon s'écarta en roulant. Il revint ensuite à la charge d'un coup d'épaule dans le flanc de la bête, la renversant par la même occasion et exposant les poils courts et blancs de son cou.

Damon perça la veine d'un coup de canines. Après quelques convulsions, le puma cessa de bouger tandis que la mare de sang sur le ring continuait à s'étendre. Au centre, mon frère se tenait à genoux au-dessus du puma mort.

Il se leva et recula d'un pas, titubant. Lorsqu'il leva les yeux vers la foule de spectateurs, il souriait à pleines dents. Les crocs toujours sortis, il était couvert de sang de la tête aux pieds. Le public émit, en proportions égales, hourras et huées sous le regard de Damon qui tournait lentement sur lui-même, se léchant les lèvres de temps à autre.

Gallagher frappa dans ses mains boudinées. Ceux qui avaient gagné leur pari sautèrent de joie et s'étreignirent. Les autres jetèrent leur chapeau à terre ou restèrent le regard perdu dans le vide.

Je m'élançai vers le ring, tentant de me frayer un passage pour rejoindre mon frère, mais les gardes, plus rapides, étaient déjà sur place, armés de pieux et de filets imbibés de verveine. Damon, qui montrait des signes d'ébriété après tout le sang qu'il avait ingurgité, ne sembla pas les remarquer. Avant que j'aie le temps de le mettre en garde en criant, les hommes l'enfermèrent dans un filet et le traînèrent hors du ring.

J'eus beau aller aussi vite que possible, je fus incapable de fendre la foule qui s'était amassée dans leur sillon et me barrait à présent la route. Quant aux spectateurs grisés, qui criaient, qui s'extasiaient, ils me bloquaient l'accès à la sortie. Lorsque, enfin, j'émergeai du chapiteau au coude à coude, le chariot quittait déjà la foire en cahotant.

Un fouet fendit l'air. Des sabots battirent le sol. Et, sans que je puisse rien faire, Damon disparut sous mes yeux.

19.

Dans ma course, je laissai derrière moi les cabanes qui entouraient le cirque pour m'enfoncer dans les bois et suivre les traces du chariot. À un moment, aux abords de la ville, je perdis tout signal olfactif du véhicule. Un ivrogne, appuyé contre un bâtiment en briques, sifflait un air discordant.

Aveuglé par la rage, je tombai à genoux et l'attirai dans ma chute pour planter mes crocs dans son cou et lui aspirer le sang avant même qu'il ait le temps d'émettre le moindre hoquet de surprise. Le goût était amer, mais il ne m'empêcha pas de poursuivre jusqu'à satiété.

Appuyé sur mes talons, je m'essuyai la bouche d'un revers de la main et balayai les environs du regard. La perplexité et la hargne coulaient dans mes veines. Pourquoi n'avais-je pu sauver Damon ? Pourquoi étais-je resté sans rien faire, à regarder, tandis que Gallagher excitait la foule pour qu'elle parie encore davantage ? Même chose quand le puma avait fondu sur mon frère ? Et pourquoi Damon s'était-il laissé capturer, me mettant par la même occasion dans cette horrible position ?

Je regrettais d'avoir insisté pour le changer en vampire. Sans lui, seul dans cette ville, tout serait plus facile. Et maintenant que j'essayais d'être un bon frère et un vampire modèle, toutes mes tentatives échouaient.

Je gravis avec maladresse les marches du perron de Lexi. Je claquai la porte et les gonds résonnèrent dans un bruit de ferraille. Un des tableaux du boudoir tomba même au sol dans un grand fracas.

Au même moment, Buxton me lança un regard noir depuis le coin opposé de la pièce ; dans la pénombre, ses pupilles scintillaient.

— Cette pauvre porte t'a fait quelque chose ? demanda-t-il entre ses mâchoires serrées.

Je me risquai à passer près de lui en l'ignorant, mais il me bloqua le passage.

— Pardon, marmonnai-je en le poussant.

— Pardon, répéta Buxton, bras croisés. Tu rentres ici comme si l'endroit t'appartenait. Tu pues comme un humain. Je ne suis pas du genre à remettre en cause les choix de Lexi, mais je suis d'avis qu'il est temps que tu montres un peu plus de considération pour sa maison, mon frère.

Le mot « frère » réveilla quelque chose en moi.

— Fais attention à ce que tu dis, le menaçai-je dans un sifflement, en retroussant les lèvres.

Buxton se contenta de ricaner.

— Je ferai attention à ce que je dis quand tu réfléchiras à tes actes.

— Les garçons ? appela Lexi depuis l'étage.

Sa voix mélodieuse contrastait avec la tension de la scène. Elle nous rejoignit en bas d'un pas feutré et ses yeux s'adoucirent sous l'effet de l'inquiétude quand ils se posèrent sur moi.

— Damon est-il... ?

— Il est vivant, répondis-je, mais je n'ai pas pu l'approcher.

Lexi se percha sur l'accoudoir d'un rocking-chair branlant, le regard en alerte et compatissant.

— Buxton, tu veux bien aller nous chercher du sang de chèvre ?

L'intéressé plissa les yeux, mais il quitta le boudoir d'une démarche traînante pour rejoindre la cuisine. Dans le salon adjacent, Hugo jouait une marche française enjouée au piano.

— Merci, dis-je en me laissant tomber sur une causeuse rembourrée.

Je n'avais pas la moindre envie de boire du sang de chèvre. Ce que je voulais, c'était me gorger de sang humain jusqu'à m'en rendre malade et perdre connaissance pour oublier.

— N'oublie pas qu'il est fort, me prévint Lexi.

— Je ne m'en fais pas pour Buxton.

— Je parlais de ton frère. S'il te ressemble, alors il doit être fort.

Je levai les yeux vers elle. Elle s'approcha et prit mon menton entre ses mains.

— C'est ce qu'il faut que tu croies. C'est ce que je crois, moi. Le problème avec toi, c'est que tu veux tout, tout de suite. Tu es impatient.

Je poussai un soupir. La dernière chose dont j'avais besoin était une autre leçon de morale à propos de mon ignorance totale des us et coutumes de notre peuple. En outre, je n'étais pas impatient, mais désespéré.

— Il faut simplement que tu réfléchisses à un autre plan. Un plan dans lequel on peut t'aider.

Lexi jeta un œil à Buxton, qui revenait avec un plateau en argent sur lequel étaient posées deux tasses.

Buxton marqua une pause à mi-chemin.

— *Il faut l'aider ?*

Il formula sa question en français.

— *Oui, nous allons l'aider*, affirma Lexi dans la même langue.

Ni l'un ni l'autre ne savaient que j'avais appris le français au berceau, grâce à ma mère. Cela semblait étrange de les écouter débattre de la pertinence de m'aider à secourir Damon. J'observai mes mains encore couvertes du sang séché de ma victime, plus tôt dans la soirée.

Buxton cogna le plateau contre la table en cerisier verni.

— Tu ne vas pas nous mettre en danger, rugit Buxton, ses canines à quelques centimètres de mon cou.

De toutes ses forces, il me poussa en avant et je sentis les os de ma nuque craquer lorsqu'ils heurtèrent la tablette en marbre de la cheminée.

Dans le feu de l'action, je le repoussai violemment au niveau des épaules. Seulement, Buxton était plus vieux et plus puissant, et il me tenait cloué au mur grâce à ses mains fermement appuyées sur ma poitrine. Je sentais le sang commencer à couler de mon crâne, là où ma tête avait tapé le marbre.

— Espèce de sale petit égoïste, murmura Buxton, de la rage dans la voix. Des vampires comme toi, j'en ai déjà vu. Vous pensez que le monde vous appartient, que tout vous est dû, vous n'avez aucune considération pour ceux qui vous entourent. Vous vous fichez de qui vous tuez. Vous nous faites une mauvaise réputation.

Je me tournai et me tortillai dans tous les sens pour tenter d'échapper à son emprise quand je sentis soudain la pression sur ma poitrine se dissiper puis un grand crac au moment où Buxton s'écroula sur le sol.

— Buxton, le sermonna Lexi, combien de siècles te faudra-t-il encore avant d'apprendre à traiter un hôte comme il se doit ? Et toi, Stefan, tu n'es pas d'accord avec moi quand je dis que le sang humain ne te convient pas du tout ? On aurait parfaitement pu éviter un tel comportement. (Lexi secoua la tête à la façon d'une maîtresse d'école contrariée.) Maintenant, j'aimerais boire dans le calme, alors soyez gentils, les garçons.

Sur ce, elle quitta la pièce, sa tasse de sang à la main. Comment pouvait-elle s'en aller et faire preuve de pareille désinvolture pendant qu'on torturait mon frère ? Je dépendais de Lexi pour tant de choses à présent, et trouver du soutien et de l'aide pour délivrer mon frère était ma priorité absolue.

Comme si elle avait lu dans mes pensées, elle s'arrêta au bout du couloir qui menait à ses quartiers et nous examina à tour de rôle.

— Si je dis qu'on aidera Damon, on l'aidera. C'est clair pour vous deux ?

— Oui, mademoiselle Lexi, commenta Buxton alors qu'il se mettait lentement à genoux pour se relever.

Je hochai la tête, dissimulant à peine mon air renfrogné.

Si ?

Buxton quitta la pièce en claudiquant, mais non sans jeter un dernier regard menaçant dans ma direction. Tout à coup, la maison me parut trop petite, comme si ses murs, ses planchers et ses plafonds se refermaient sur moi. Après un ultime grognement, je filai à travers le boudoir et sortis par la porte de derrière afin de regagner Lake Road.

20.

Le lendemain, je fus réveillé par quelqu'un qui me secouait par l'épaule.

— Allez-vous-en, murmurai-je.

Mais la personne persista. J'ouvris brusquement les paupières et m'aperçus que j'étais roulé en boule, par terre, contre l'un des chapiteaux du cirque de Gallagher.

— Vous avez dormi ici ? demanda Callie en croisant les bras.

Je m'assis et me frottai les yeux tout en réfléchissant à la soirée de la veille. J'étais retourné au campement des forains, ne sachant pas où aller sinon, et je m'étais endormi sur place.

— Bonjour, mademoiselle Callie, la saluai-je au lieu de répondre à sa question. (Je me levai et époussetai l'arrière de mon pantalon pour que les traces de terre disparaissent.) Que puis-je faire pour vous ?

Elle haussa les épaules. Elle avait enfilé une robe en coton rose qui révélait sa taille de guêpe et ses bras couverts de taches de rousseur. Cette couleur tranchait avec le roux de sa chevelure flottante ; Callie me fit soudain penser à une rose sauvage.

— On va interrompre les représentations quelques jours. Père a empoché tellement d'argent qu'il veut que le prochain spectacle soit encore plus grandiose. (Elle sourit.) C'est la règle numéro un dans le monde du spectacle : faire en sorte que le public en veuille toujours plus.

— Comment va Da... le vampire ? m'enquis-je, les mains en visière pour me protéger du soleil.

Ma bague me protégeait de l'agonie qu'auraient autrement provoquée les rayons, mais le soleil en lui-même me rendait vulnérable et malhabile. La nuit ne dissimulait pas que mes crocs et, de jour, je devais en permanence faire attention à ne pas me déplacer à la vitesse de l'éclair, à ne pas répondre à des questions que je n'étais pas censé avoir entendues ou à mon envie insatiable de boire le sang des humains que je côtoyais.

Callie passa une de ses boucles rousses derrière son oreille.

— Le vampire va bien. Enfin, je crois. Père a ordonné à ses hommes de le veiller vingt-quatre heures sur vingt-quatre. Il ne veut pas qu'il meure. En tout cas, pas maintenant.

« Pas maintenant » était une piètre consolation, mais c'était mieux que rien. Cela signifiait que j'avais encore un peu de temps devant moi.

Callie fronça légèrement les sourcils.

— Bien sûr, je ne pense pas, personnellement, qu'ils devraient le laisser mourir. Ce qu'on lui fait subir, ainsi qu'aux animaux qu'il combat, est complètement barbare, commenta-t-elle tout bas, presque pour elle-même.

Je m'empressai d'analyser ses paroles. Avait-elle davantage de compassion vis-à-vis du sort de Damon que je ne l'avais imaginé ?

— Je peux le voir ? demandai-je avec une intrépidité qui me surprit moi-même.

Callie me donna une tape sur le bras.

— Non ! À moins que vous ne payiez, comme tout le monde. En plus, il n'est pas ici.

— Oh.

— Oh, répéta-t-elle pour se moquer. (Alors, Son regard s'adoucit.) Je n'arrive toujours pas à croire que vous ayez dormi ici. Vous n'avez donc pas de chez-vous ?

Je la fixai droit dans les yeux.

— Je suis... fâché avec ma famille.

Ce n'était pas complètement faux. Les membres de la troupe commençaient à se réveiller. L'homme le plus fort du monde, le regard encore endormi, sortit d'une tente. Il se laissa brusquement tomber par terre et entama une série de pompes. La cartomancienne se retira vers le coin le plus tranquille du lac, à la main une serviette qui lui servirait sans nul doute à s'essuyer après son bain. Tout ce temps, les deux éternels colosses chargés de la sécurité ne nous avaient pas quittés des yeux, Callie et moi.

Celle-ci remarqua elle aussi qu'ils nous regardaient bizarrement.

— Ça vous dirait que nous allions nous promener ?

Elle m'entraîna vers un chemin de terre en direction d'une des extrémités du lac, hors de vue du cirque. Là, elle ramassa un caillou et le jeta dans l'eau, où il s'enfonça.

— Je n'ai jamais été douée pour les ricochets, admit-elle d'une voix si triste que je ne pus m'empêcher d'éclater de rire. Qu'y a-t-il de si drôle ? ajouta-t-elle en me flanquant une nouvelle tape sur le bras.

La tape en soi était joueuse, mais les bracelets à son poignet étaient tressés de verveine et, à leur contact, une douleur vive se déclara dans mon bras puis remonta. Elle posa sa main sur mon épaule, le front plissé par l'inquiétude.

— Ça va ?

Malgré ma grimace, je mentis en répondant par l'affirmative.

— Bon...

Elle m'adressa tout de même un regard sceptique.

Elle se pencha pour prendre un autre caillou et leva un sourcil châtain clair vers moi avant de le lancer en direction de l'eau. Il tomba avec un clapotement inoffensif.

— Pathétique !

À mon tour, je ramassai une pierre et visai la surface de l'eau. La pierre heurta cette dernière cinq fois et sombra.

Callie éclata de rire en battant des mains.

— Il faut que vous m'appreniez !

— D'abord on choisit une pierre plate, et puis tout est dans le poignet : un petit coup sec et ça marche. (Je repérai un caillou brun et lisse avec une ligne blanche dessus.) Tenez. (Je le plaçai dans sa main.) Maintenant, le petit coup de poignet.

J'effleurai sa peau en veillant à ne pas toucher les bracelets de verveine. Elle ferma les yeux et lança la pierre, qui ricocha une fois puis tomba dans l'eau. Callie leva les bras en l'air, ravie.

— Merci, Stefan, dit-elle, les yeux pétillants.

— Je n'ai plus droit à « l'étranger » alors ?

— Vous m'avez appris quelque chose. Cela signifie que nous sommes amis.

— Ah bon, nous sommes amis maintenant ?

Je pris une autre pierre et la lançai vers le lac. Autrefois avec Damon, on jouait aux ricochets sur l'étang près de chez nous. On faisait un vœu et, si on réussissait à deviner le nombre de ricochets que ferait chaque pierre, notre vœu se réaliserait.

Je fermai brièvement les yeux. « Si le caillou ricoche cinq fois, j'aurai une chance de sauver Damon », pensai-je. Seulement, cette pierre, plus lourde, ne toucha qu'à deux reprises la surface de l'eau avant de couler. Je secouai la tête, fâché d'avoir joué à un jeu aussi puéril.

— C'est donc ce qui vous inquiétait le plus dans la vie ? Ne pas savoir faire des ricochets ? taquinai-je Callie pour tenter de redonner à notre balade sa légèreté d'origine.

Ma remarque la fit sourire, mais ses yeux restaient tristes.

— Non. Mais ne trouvez-vous pas que les problèmes qu'on s'invente sont beaucoup plus faciles à gérer que les vrais problèmes ?

— Je suis d'accord, acquiesçai-je d'une voix posée.

Le soleil pointait dans le ciel et parait le lac d'une teinte orangée. Plusieurs petites embarcations glissaient déjà sur l'eau afin de jeter leurs filets. À nos oreilles soufflait un vent qui nous rappelait que, malgré la chaleur du soleil, l'hiver approchait à grands pas.

— Je ne m'étais encore jamais confiée de cette façon auparavant. Règle numéro deux dans notre famille et notre entreprise : ne faire confiance à personne, me raconta Callie.

— Votre père a l'air dur, me risquai-je, devinant sa frustration. Trop dur, peut-être ?

— Mon père est très bien comme il est, rétorqua-t-elle brutalement.

Elle me considéra un instant, sourcils froncés, poings sur les hanches.

— Je suis désolé. (Je levai les bras, en signe de capitulation, me rendant compte que j'avais dépassé les bornes.) C'était déplacé de ma part.

Callie laissa retomber ses mains de chaque côté.

— C'est moi qui suis désolée. J'ai tendance à trop vouloir le protéger. Je n'ai que lui.

— Et votre mère ?

— Morte quand j'avais six ans, termina simplement Callie.

— Je sais ce que c'est, dis-je en pensant à ma propre mère. C'est douloureux, n'est-ce pas ?

Callie arracha un brin d'herbe et se mit à le déchiqueter en petits morceaux.

— J'essaie d'être forte. Depuis la mort de ma mère, pour noyer son chagrin, mon père, au contraire, s'est jeté à corps perdu dans le travail.

— Vous donnez l'impression d'en faire autant.

— Maintenant que le numéro du vampire est bien lancé, je pense que ça va s'arranger. Mon père est soupe au lait de nature, mais quand on manque d'argent c'est pire.

En l'entendant mentionner le numéro du vampire, je me mis à flanquer des coups de pied dans les cailloux au bord de l'eau. Un bouquet de pierres vola dans les airs et atterrit à plusieurs mètres de là, en plein lac, dans un grand bruit d'éclaboussures.

— C'était quoi, ça ? voulut savoir Callie, soudain alarmée.

Je me forçai à sourire et à arborer un air calme... humain. Dans ma colère, j'avais oublié de cacher mon pouvoir.

— Des ricochets de pointe, plaisantai-je.

Callie leva un sourcil vers moi comme pour me mettre au défi, mais elle se contenta finalement de dire :

— On ferait mieux de rentrer. Père veut qu'on nettoie le campement.

J'approuvai d'un signe de tête.

— Bonne idée.

Seul à seule, ici, avec Callie, j'avais failli perdre le contrôle de la situation.

— Stefan, commença-t-elle. Je me disais... Étant donné qu'on n'a pas de représentations programmées avant plusieurs soirs, est-ce que vous voudriez bien me montrer un peu la ville ?

— Mais je ne connais pas bien la ville, relevai-je. Vous habitez ici depuis plus longtemps que moi.

Les joues de Callie s'enflammèrent.

— Père ne me laisse pas sortir de la maison, sauf pour le travail. Mais il y a tant de choses à découvrir à La Nouvelle-Orléans. (Elle m'adressa un regard, sous ses beaux cils allongés.) S'il vous plaît ? Avec vous, je me sentirai en sécurité.

Je manquai d'éclater de rire face à l'ironie d'une telle déclaration, mais le son resta bloqué dans ma gorge. Callie avait tort : elle ne serait pas nécessairement en sécurité avec moi ; en revanche, je pouvais m'en servir pour garantir la sécurité de mon frère. Après tout, elle connaissait le cirque de Gallagher mieux que quiconque, hormis son père ; notamment, elle savait où ce dernier gardait Damon prisonnier.

— C'est entendu, acceptai-je.

— Oh, on va bien s'amuser ! (Callie me saisit les mains pour me faire tourner.) Rendez-vous au parc au bout de ma rue à neuf heures ce soir.

Sur la pointe des pieds, elle déposa un baiser sur ma joue. Si près, je pouvais presque sentir son cœur battre contre ma poitrine. Je me dégageai vivement, une douleur lancinante dans le crâne et dans les mâchoires. Je lui tournai le dos alors que mes canines s'allongeaient dans un petit bruit sec. Il fallait que j'inspire cinq fois, longuement, avant qu'elles se rétractent.

— Ça ne va pas ?

Elle posa une main sur mon épaule. J'affichai un sourire feint et pivotai pour lui faire face.

— Si, si. Juste l'excitation quand je pense à ce soir.

— Merveilleux.

Tout le long du chemin qui nous ramenait à la foire, Callie fredonna. Je passai ma langue sur mes dents : c'était la vérité, j'étais excité à l'idée de la soirée qui s'annonçait. Cependant, l'excitation était proche du désir et, ainsi que je l'avais appris depuis ma rencontre avec Katherine, le désir n'apportait jamais rien de positif.

21.

En arrivant à la maison à la nuit tombante, je trouvai Lexi assise au bord du canapé, bras croisés, en train de taper frénétiquement du pied. On aurait dit une mère poule à la mine renfrognée. Hugo et Percy se prélassaient, allongés de tout leur long dans des méridiennes tels des chats, dans un coin au fond de la pièce. Buxton, constatai-je avec soulagement, n'était pas là. Je me demandai depuis combien de temps ils m'attendaient.

— Enfin, tu t'es décidé à revenir, commenta Lexi en me faisant les gros yeux.

— En effet.

Je dus lutter pour ne pas sourire.

— Il s'est passé quelque chose, constata-t-elle en humant l'air. Mais tu n'as pas bu. Une bonne chose.

Elle fronça à nouveau les sourcils.

— Bonjour, dis-je à l'intention d'Hugo et de Percy sans réagir au commentaire de Lexi.

Ils me dévisagèrent avec étonnement : jusqu'à maintenant, je n'avais jamais fait le moindre effort pour engager la conversation.

— B'jour, grogna Percy.

Hugo, lui, en resta au simple regard. Lexi ne me quittait pas des yeux, les mains calées sur les hanches.

— Parle, Stefan. Il n'y a pas de secret dans cette maison.

— J'ai un plan pour libérer Damon, annonçai-je avec une grimace en entendant ma voix idiote.

— C'est une excellente nouvelle ! se réjouit Lexi. Comment comptes-tu t'y prendre ?

— Euh... eh bien, pour commencer, je dois aller à un rendez-vous, confessai-je.

— Un rendez-vous ? (Les sourcils de Lexi bondirent sur son front.) Avec qui ?

Je m'éclaircis la voix et affichai un air penaud.

— La fille de Gallagher, Callie.

— Tu vas sortir avec une humaine ? s'étonna Percy au moment où Lexi lançait :

— Tu as un rendez-vous galant avec Callie Gallagher ?

Je levai les mains comme pour me défendre.

— Elle veut que je l'emmène faire un tour en ville ce soir. Pendant ce temps, je vais lui extorquer des informations sur Damon. Je ne peux agir sur son esprit à cause de l'effet de la verveine, mais il existe d'autres moyens de faire parler une femme, n'est-ce pas ?

Percy et Hugo n'attendirent pas pour afficher leur désaccord et fixèrent le ciel.

— Si j'étais toi, je m'abstiendrais, conseilla Hugo.

Je le foudroyai du regard. Exception faite de la nuit où ils m'avaient trouvé, c'était la première fois que j'entendais le son de sa voix.

— Je suis d'accord. Tu as envie soit de la tuer, soit de l'embrasser. Dans un cas comme dans l'autre, ça va mal se terminer pour toi, intervint Percy.

Venant de quelqu'un avec un visage aussi enfantin et maigrichon, la remarque semblait déplacée.

— Ils ont raison, insista Lexi sur un ton d'urgence. Ils en ont eux-mêmes fait les frais. Qui sait ce que tu feras une fois seul avec cette fille ? Sans parler de ce qu'elle te fera à toi. Tu as vu sa maison... et les armes qu'elle possède. Je crains seulement...

— Je sais, je sais. Je suis immature, incapable de contrôler mes pulsions, et je finirai forcément par commettre une erreur, la coupai-je, irrité.

Lexi se leva et me toisa un bon moment.

— C'est exact. Sur toute la ligne. Tu es fort, mais je redoute que tu ne laisses tes émotions prendre le pas sur le reste.

— C'est faux, protestai-je. Si je sors avec elle, c'est uniquement pour voir si je peux découvrir quoi que ce soit d'autre au sujet de Damon. Si je compte le délivrer – dans le calme –, c'est ma meilleure option.

Les mâchoires de Lexi se crispèrent, mais seul un soupir s'en échappa.

— Sois prudent, c'est tout ce que je te demande, conclut-elle.

— Bon. Si tu as rendez-vous, tu ne peux pas porter ça. (Hugo s'extirpa maladroitement de sa méridienne.) Percy, trouve-lui quelque chose de joli à mettre.

L'intéressé supplia Lexi du regard, mais celle-ci croisa les bras.

— Quoi ? Tu as entendu le monsieur ?

Percy se leva à son tour de sa méridienne et monta l'escalier d'un pas lourd.

— Quand on sort avec une dame, on doit être présentable, déclara Hugo sur un ton bourru. Et toi, Lexi, tu dois l'emmener faire des emplettes.

— Oui, on ira demain soir, Stefan.

— Pourquoi m'aides-tu tout à coup ? lançai-je à Hugo avec suspicion.

Derrière son léger sourire, j'aperçus ses dents en pointes.

— Si tu libères Damon avec l'aide de l'humaine, tu n'auras pas besoin de nous. Maintenant, va t'habiller !

Je lui jetai un regard noir mais suivis Percy à l'étage, où il me donna une chemise en lin blanche et un pantalon noir.

L'espace d'un instant, je regrettai de ne pas avoir d'habits tout neufs ni de pommade pour me lisser les cheveux vers l'arrière. Mais soudain je me rappelai mes paroles à Lexi : pour le moment, je devais me concentrer sur Callie Gallagher, apprendre à la connaître et, ensuite, découvrir ce qui motivait Patrick Gallagher.

Pourtant, même si je persistais à essayer de me convaincre que j'allais à ce rendez-vous pour Damon et personne d'autre, je ne pouvais m'empêcher de constater que le souvenir du baiser de Callie sur ma joue revenait inlassablement me hanter.

22.

Je tirai sur le bas des manches de ma chemise blanche bien repassée et boutonnai mon pardessus. Les boutons cuivrés scintillèrent sous le faisceau lumineux du réverbère alors que je tournai au coin de Laurel Street.

Je m'essuyai le visage pour effacer toute trace éventuelle de sang. J'avais rendu visite à ma serveuse de chez Miladies, histoire d'étancher ma soif avant ma soirée en ville en compagnie de Callie. Le sang de la fille avait un goût sucré, comme si on avait trempé des lys dans du miel. À la seconde où le liquide chaud avait tapissé ma langue, tous mes sens s'étaient éveillés et chaque détail de mon environnement m'était apparu avec une vivacité accrue.

À présent, le chant des cigales résonnait à mes oreilles et l'odeur des roses emplissait mes narines, mais mon estomac était au repos et mes veines bien pleines. J'étais fin prêt pour mon rendez-vous.

Le parc, au bout de la rue, regorgeait de magnolias et d'ormes centenaires. Au centre, une fontaine en marbre était ornée d'une statue de femme nue. Malgré le glouglou de la fontaine, je détectai les battements d'un cœur humain.

— Il y a quelqu'un ? appelai-je.

— Stefan !

Callie sortit de derrière un ange en pierre et pénétra dans le faible halo d'une lampe à gaz. Ses cheveux roux, qui s'enflammaient sous la lumière vacillante, tombaient librement en boucles sur ses épaules. Elle portait une robe toute simple de couleur crème, constituée d'un corsage en dentelle et d'une jupe en froufrou épousant ses fines hanches.

Le flux du sang, dans mes veines, devint saccadé.

— Qu'y a-t-il ? demanda Callie, qui avait rougi en voyant que je l'étudiais avec insistance.

— Vous avez... l'air d'une fille.

Une fille très belle, même.

— Ouah ! Eh bien, merci. (Callie leva les yeux au ciel et me donna un léger coup dans l'épaule.) C'est parce que vous avez l'habitude de me voir en tenue de travail. (Elle me fixa un long moment.) Vous êtes plutôt élégant dans votre genre.

Je me raclai la gorge et rajustai mon col. Mes vêtements me paraissaient soudain trop étroits ; je manquais d'air. Je ne pus m'empêcher de me demander si le sang de la serveuse contenait quelque chose que je n'aurais pas digéré.

— Merci, finis-je par dire en toute formalité.

— Stefan ?

Callie leva le bras pour me signifier qu'elle attendait quelque chose.

— Mais oui, bien sûr.

Je pris son bras sous le mien. Sa main aux taches de son effleura ma paume ; je tressaillis et bougeai légèrement de telle sorte que sa main repose sur le tissu soyeux de ma veste.

— Où allons-nous, mademoiselle Gallagher ?

Elle tourna vers moi un visage souriant.

— À Bourbon Street, évidemment.

Callie me guida par des ruelles pavées où des gardénias gouttaient depuis des balcons. Sans réfléchir, j'en attrapai un et le passai derrière son oreille. D'où je venais, c'était la coutume d'apporter des fleurs ou un gage d'affection lorsqu'on rendait visite à une dame.

— Vous voulez que je vous confie un secret ? chuchota Callie.

— Lequel ? demandai-je, ma curiosité piquée au vif.

Personnellement, je m'estimais détenteur d'un trop grand nombre de secrets. Mais peut-être que celui de Callie me conduirait à Damon...

Elle se dressa sur la pointe des pieds et entoura mon oreille de sa main. La mélodie de son flux sanguin, sous sa peau, décupla. Je serrai les mâchoires tant que je pus pour empêcher mes canines de s'allonger.

— Votre chemise est sortie de votre pantalon, me dit-elle à voix basse.

— Oh ! (Je me reculottai, gêné.) Merci.

— Vous savez où j'aimerais vraiment aller ? lança-t-elle en me pressant le bras.

— Où ?

Je m'efforçai de canaliser toute mon énergie sur une chose autre que le rythme régulier de son sang.

— Au théâtre burlesque de Madame X. Tout le monde en parle, expliqua-t-elle.

Nous traversâmes la ville bras dessus, bras dessous, dépassant une foule animée et des tramways qui cahotaient sur leurs voies, pour finir dans un quartier bien entretenu où trônait une sorte de manoir immaculé aux proportions parfaites. Près de la porte, une modeste pancarte indiquait « Madame X » en lettres noires. La chaude lumière des lampes intérieures se diffusait derrière les fenêtres ; des calèches remontaient l'allée les unes après les autres jusqu'à la grille de devant ; des passagers dans leurs plus beaux atours en descendaient pour s'enfoncer dans les profondeurs du club d'initiés.

La panique m'envahit soudain : je n'avais pas un sou. Et je portai des vêtements d'écolier démodés depuis le début du siècle.

— Callie, je crois que…

Je me mis à réfléchir activement à une autre activité pour notre soirée lorsque la porte d'entrée s'ouvrit en grand pour nous accueillir.

— Bonsoir. Vous êtes invités ?

L'homme jeta un rapide coup d'œil à mes vieux vêtements. J'étais loin d'être habillé à la hauteur de l'événement et je m'en rendais compte. Callie, en revanche, était radieuse.

— Oui, ne tarda-t-elle pas à répondre, en se redressant.

— Vos noms, s'il vous plaît ?

À la moue que formèrent les lèvres de Callie, je voyais bien qu'elle n'avait pas songé au fait qu'il devait y avoir une liste d'invités officielle. Je me plaçai devant elle, pris d'une inspiration soudaine.

— Nous sommes les Picard. Remy, et voici ma femme, Calliope.

— Un instant, je vous prie, monsieur.

L'homme se dandina jusqu'à un pupitre sur lequel était posée une liste d'invités qui, bien évidemment, ne contenait pas le nom de Remy Picard. Il tourna une page puis revint en arrière.

— Stefan, que faites-vous ? me lança Callie à mi-voix.

— Tout est sous contrôle, ne vous inquiétez pas. Souriez et tout ira bien.

L'employé revint, l'air sincèrement gêné.

— Je suis désolé, monsieur, mais votre nom ne figure pas sur la liste pour la soirée.

Il jeta un œil autour de lui, comme s'il cherchait des yeux un garde auquel il ferait signe si nous résistions.

« Je veux que vous nous laissiez entrer sans poser davantage de questions », pensai-je en rassemblant toute mon énergie.

— Nous aimerions beaucoup entrer, dis-je à voix haute, en regardant mon interlocuteur droit dans les yeux. (Dans mon dos, je sentais peser le regard perplexe de Callie.) Vous êtes certain que nos noms sont absents de la liste ?

Les paupières de l'homme clignèrent dans une sorte de tic nerveux.

« Laissez-nous entrer sans regarder votre liste. »

— Vous savez, je crois bien avoir vu vos noms. En fait, j'en suis sûr à présent. Picard ! Picard ! Je vous prie de m'excuser. C'est moi qui me suis trompé. Par ici, nous invita-t-il le regard vide.

Il nous escorta au travers de vastes doubles portes jusque dans un salon majestueux. Au plafond pendaient des lustres en cristal et dans l'air flottait un parfum de jasmin, de magnolia et de freesia.

— Je vous souhaite une bonne soirée chez Madame X. Et, si je peux vous être utile à l'un comme à l'autre, n'hésitez pas à faire appel à moi, nous informa l'homme juste avant de tourner les talons.

— Merci, répondis-je.

Callie restait debout sans bouger, bouche bée.

— Comment avez-vous fait ?

Je haussai les épaules.

— J'ai juste semé le doute dans son esprit. Il ne pouvait plus rien refuser aux Picard, peu importe qui ils étaient. En outre, si nos noms avaient bel et bien figuré sur la liste et qu'il nous avait refusé l'entrée, nous serions allés nous plaindre au propriétaire.

Constatant que mon pouvoir croissait, je jubilais intérieurement.

— Je dois en déduire que ce n'est pas la première fois que vous allez quelque part sans être officiellement invité ?

Je lui lançai un regard espiègle.

— Vous êtes mieux que quiconque à même d'en juger.

Elle rit et, sans crier gare, je la fis valser. Les gens, autour de nous, nous jetèrent des regards de reproche. Bien qu'un pianiste jouât un air enlevé dans un coin de la pièce, ce n'était visiblement pas le genre d'endroit où l'on dansait. Les hôtes préféraient converser, passant d'un sujet à un autre en un éclair en tirant sur leurs cigares, quand ils ne vidaient pas leurs coupes de champagne à grands traits.

— Vous connaissez quelqu'un ici ? interrogeai-je Callie alors que nous passions auprès de couples tous mieux vêtus les uns que les autres.

Les épaules de Callie tressaillirent tandis qu'elle balayait la pièce du regard, avec les sourcils légèrement froncés.

— Ce sont tous des ennemis de Père. Ils disent que c'est un nordiste qui profite de La Nouvelle-Orléans pour faire de l'argent. Ils ont peut-être raison mais, au moins, il ne vend pas son spectacle pour ce qu'il n'est pas, conclut-elle en levant fièrement le menton.

Je changeai de position. N'était-ce pas précisément ce que j'étais en train de faire ? Semblant d'être quelqu'un que je n'étais pas ? Je n'osais soutenir son regard, redoutant qu'elle n'y discerne l'étendue de mes mensonges.

Un serveur s'approcha avec un plateau rempli de coupes de champagne. J'en saisis deux.

— Santé, annonçai-je, et je tendis son verre à Callie.

Pendant que nous sirotions l'alcool pétillant, les conversations battaient leur plein autour de nous, de plus en plus fortes et animées au fur et à mesure qu'arrivaient les plateaux de coupes de champagne. Les hommes effectuaient des mouvements alanguis, les femmes riaient plus volontiers.

— Le nouveau spectacle de votre père est-il prêt ? m'enquis-je en m'efforçant de prendre un ton détaché.

— Je ne crois pas, non.

— Qui va combattre le vampire, cette fois ?

— Je ne sais pas. (Ses épaules se soulevèrent.) Un crocodile ? Un tigre, peut-être ? Tout dépend de ce que Père peut dénicher en si peu de temps. Pourquoi ?

Après un haussement d'épaules évasif, je déclarai :

— Je voudrais parier.

— Père veut que cela reste bon marché. Il craint que les gens ne soient plus prêts à parier autant d'argent pour un combat d'animaux. Il semble que le monstre soit plus fort que n'importe quelle bête.

— Oh, commentai-je, essayant de digérer les informations en même temps.

— Évitons de parler travail, vous voulez bien ? Nous sommes ici pour nous détendre ! Et Dieu sait qu'il ne nous est pas souvent donné de pouvoir le faire au quotidien. (La voix de Callie se teinta de mélancolie.) En parlant de s'amuser, je pense que le spectacle va commencer.

Elle pointait du doigt un petit groupe qui quittait la pièce par une double porte à l'arrière de la salle.

— Mademoiselle, si vous me permettez ? dis-je comme j'offrais mon bras à Callie.

Dans la pièce en question, pourtant bien plus étroite que la première, s'entassaient un nombre incalculable de tables en bois faiblement éclairées par des bougies. À l'avant, une estrade avait été installée. Plutôt que de nous mêler à la foule vers l'avant, Callie et moi nous assîmes sur un banc bas recouvert d'un tissu en velours rouge, sous un grand miroir, dans les derniers de la salle.

Une fois tout le monde installé, le maître de cérémonie fit son apparition sur scène. Je fus surpris de constater qu'il portait un complet sous une cape. J'avais imaginé qu'un théâtre burlesque serait plus bruyant, plus grandiose, avec une explosion de musique et des femmes en tenue légère.

— Bonsoir ! Vous l'avez tous entendu comme moi, il semblerait que nous ayons un vampire parmi nous ce soir, déclara-t-il sur un ton dramatique.

Dans le public, les gens émirent des gloussements nerveux. Du coin de l'œil, je jaugeai Callie. S'agissait-il d'un piège ? Avait-elle découvert mon identité ? Penchée vers l'avant, elle buvait cependant les paroles de l'homme, comme hypnotisée.

Le maître de cérémonie sourit, savourant le suspense.

— En effet, un vampire. Au cirque de pacotille, près du lac.

Des huées s'élevèrent dans la foule. Callie n'avait pas menti en expliquant que son père était conspué dans cette ville. Je me tournai vers elle : ses joues avaient beau rivaliser avec le flamboyant de ses cheveux, elle regardait droit devant elle, les coudes sur les genoux.

— Et on raconte que Gallagher a dû enchaîner le sien pour l'empêcher de s'échapper. Mais ici, chez Madame X, notre vampire est venu nous rendre visite de son plein gré.

— Nous pouvons partir si vous préférez, proposai-je.

Callie refusa de la tête et me prit la main. Au contact de ma peau froide, la sienne paraissait chaude. Cette fois, pourtant, je ne la repoussai pas.

— Non, je veux rester.

Un homme élancé entra en scène, vêtu d'une cape noire. Son visage était poudré tandis que du faux sang partait du coin de ses lèvres en minces filets. Il sourit à l'assistance, révélant des crocs factices. Sur mon siège, je changeai de position.

— Je suis un vampire et vous êtes tous mes proies ! Venez, petits, petits ! caqueta-t-il d'une voix si mielleuse que j'en eus honte pour lui.

Le pseudo-vampire arpenta l'estrade, lèvres retroussées, yeux rivés sur les spectateurs. Au premier rang, une femme en robe incrustée de perles se leva pour se diriger vers lui comme si elle avait été en transe, chacun de ses pas marqué par un faible gémissement.

— Le vampire est doté d'une vue exceptionnelle : il peut voir à travers les vêtements. Et à l'heure qu'il est, mesdames et messieurs, je peux vous assurer que la vue lui plaît !

Le maître de cérémonie lorgna le public, qui se mit à battre des mains avec enthousiasme. Je jetai un nouveau coup d'œil à Callie. Savait-elle, avant de venir, que le spectacle porterait sur les vampires ?

— À présent, toutefois, j'ai bien peur que nous n'ayons ouvert l'appétit du vampire et vous ne croirez pas ce dont il est capable pour assouvir sa faim, récita le maître de cérémonie alors que, sur scène, le vampire agitait les bras en direction de la spectatrice à la façon d'un chef d'orchestre menant ses musiciens.

Pendant ce temps, un joueur de trompette entama un morceau triste et lent. La femme commença à remuer les hanches. Au ralenti d'abord, puis de plus en plus vite jusqu'à ce qu'elle donne l'impression d'être sur le point de tomber à la renverse.

— Père devrait songer à donner des cours de danse à notre vampire, murmura Callie à mon oreille, son souffle chaud sur ma peau.

Soudain, le vampire cessa d'agiter les bras, la musique s'interrompit, et la femme fit de même. Le vampire se pencha vers elle d'un pas chancelant et l'attrapa par la manche de sa robe qu'il arracha, révélant sa peau au teint de lait.

— Sentez-vous le vice en vous, ce soir ? lança le vampire à l'assistance en agitant le morceau d'étoffe vers la salle.

D'un grand coup, il détacha l'autre manche. Mon estomac se souleva.

— Je vous ai demandé si vous étiez enclins au vice, ce soir, insista l'acteur en jetant la manche dans le public.

La foule se mit à pousser des acclamations alors que la danseuse se remettait à onduler des hanches, frottant désormais son dos contre le soi-disant vampire. Un à un, elle ôta ses vêtements, projetant un bas de soie ou un jupon dans l'assistance jusqu'à ce que la majeure partie de son corps soit exposée.

Lorsque le tempo de la musique accéléra, elle frôlait la nudité. Finalement, elle s'assit sur une chaise sur le podium et le maître de cérémonie lui retira son soutien-gorge, ce qui la força à se couvrir de ses mains.

— Pour arrêter une bête sortie tout droit de l'Enfer telle qu'un vampire, il n'y a qu'une manière : lui enfoncer un pieu dans le cœur. Sinon, on peut également le tenir à distance au moyen d'un crucifix...

Sur ces paroles, la danseuse mima le geste de fouiller dans ses poches à la recherche d'un pieu ou d'un crucifix. Je m'affaissai sur ma chaise, en repensant aux attaques dont j'avais moi-même été coupable. Alice, Lavinia, l'infirmière dont je ne connaîtrais jamais le nom. Il n'y avait ni romantisme ni beauté dans ces assauts. Tous avaient été rapides, violents, sanglants... fatals. J'avais mis fin à ces vies sans le moindre état d'âme, voire en en redemandant.

— Tout va bien ? s'inquiéta Callie.

Je me rendis subitement compte de la vigueur avec laquelle j'avais, pour la première fois, serré sa main. Je relâchai mon étreinte et aussitôt elle se blottit contre moi sur le banc. Son sang battait au son d'une suave mélodie dans tout son corps. En sentir la chaleur apaisa ma colère. Je me détendis à ses côtés tandis que la pièce lui tirait des éclats de rire. Callie était si douce, si chaleureuse et si vivante. J'aurais voulu pouvoir figer le temps, que cet instant dure pour toujours – rien que moi, Callie et son cœur qui battait. Je n'avais besoin de rien de plus à ce moment précis : ni de sang, ni de pouvoir, ni de D...

Mon corps se crispa ; je me redressai brusquement. À quoi jouais-je ? Avais-je oublié mon frère ? Que lui avais-je fait ? Et avec quelle rapidité ?

Je quittai mon siège.

— Assis, devant ! aboya une voix furieuse deux rangs derrière.

— Dé... désolé, je dois y aller, m'excusai-je avant de partir vers la porte en manquant de trébucher.

— Stefan, attendez ! m'appela Callie.

Mais je ne m'arrêtai pas et, une fois dans la rue, je partis en courant, laissant derrière moi le tumulte nocturne de la ville pour rejoindre les berges du fleuve. Alors que j'observais mon reflet dans les eaux tourbillonnantes, l'écho des paroles de Percy me revint : « Tu as envie soit de la tuer, soit de l'embrasser. Dans un cas comme dans l'autre, ça va mal se terminer pour toi. »

Il avait raison. Car je savais avec exactitude si je voulais embrasser Callie ou la mordre, je savais que je voulais qu'elle soit *mienne*.

23.

Le 9 octobre 1864

Je ne suis pas censé avoir de cœur. Une balle l'a transpercé il y aura bientôt trois semaines et mon sang jamais plus ne passera par lui. Le seul sang qui désormais court dans mes veines est celui de la personne, quelle qu'elle soit, que j'attaque. Et pourtant, quelque chose chez Callie fait battre mon cœur mort et circuler le sang d'autrui dans mon corps.

Est-ce réel ? Ou s'agit-il du simple souvenir de quelque chose qui fut mais qui n'est plus ? Damon m'a dit un jour que, sur le champ de bataille, les soldats amputés d'un membre continuaient à se réveiller en se plaignant de douleurs atroces dans la jambe ou en pleurant parce que leur main leur faisait trop mal, bien que ces parties de leur anatomie aient disparu. Si ces garçons avaient des membres fantômes, personnellement, c'est un cœur fantôme que j'ai.

Depuis le début de mon séjour, même court, à La Nouvelle-Orléans, j'ai appris à connaître ma force. C'est elle qui me guide, elle dont je me nourris – elle fait de moi un vampire. Mais j'ai un autre talent. Il n'est ni exaltant, ni passionnant, ni dangereux. Il est ordinaire, voire ennuyeux : c'est l'exercice du contrôle sur cette force. J'ai dû apprendre à ménager mes ardeurs pour réussir à m'intégrer et me faire accepter de Lexi.

Pourtant, au théâtre, avec Callie, c'est comme si ces deux facultés avaient été aux antipodes l'un de l'autre et qu'ils essayaient de se détruire mutuellement dans mon cerveau.

À présent, elle ne quitte plus mes pensées. Je revois les dessins de ses taches de rousseur sur sa peau, ses longs cils, son sourire éclatant de vie. Je ne peux m'empêcher d'admirer la manière dont elle use de son propre pouvoir. Cette façon qu'elle a de forcer l'attention et le respect des employés de son père, tout en se montrant douce quand elle est avec moi, lovée au plus près lorsqu'elle croit que personne ne nous voit.

Je pense à nos doigts entrelacés.

Et, chaque fois qu'une image de Callie me revient en tête, je me maudis. Je devrais faire preuve de davantage de volonté. Je devrais ne pas penser à elle et la sortir de mon esprit, elle, la petite idiote qui a de la chance d'être encore en vie.

Seulement, en mon for intérieur, malgré mon pouvoir, je sais que nous sommes sous le contrôle de Callie, moi et mon cœur fantôme.

Le lendemain, je retournai au cirque avec une idée en tête et une seule : libérer Damon.

— Holà, l'ami ! me salua Arnold, l'homme au numéro de force, alors que je passais la grille du terrain de la fête foraine.

— Bonjour, maugréai-je.

La femme tatouée vint se placer derrière lui et me toisa d'un air narquois. Sans ses dessins à l'encre de Chine, elle était plutôt jolie avec ses pommettes saillantes et ses grands yeux pleins de questions.

— Qu'est-ce que vous faites ici ? grognai-je.

— À ta place, j'irais m'excuser auprès de Callie.

Elle montra du doigt le côté du chapiteau. Callie avait donc déjà informé ses amis de notre désastreuse soirée. C'est bien ce que je craignais. Je contournai le chapiteau jusqu'à ce que je l'aperçoive, agenouillée au-dessus d'une souche de bouleau. Des éclaboussures de peinture partout sur sa salopette, elle avait relevé sa chevelure rousse sur le haut de sa tête, entortillée autour d'un pinceau fin au long manche. L'écriteau disait : « Un penny par personne. Venez voir le vampire, bien vivant et affamé. Enfin, si vous osez ! »

Sous le texte figurait un dessin grossier de vampire, les crocs sortis, les paupières à demi closes, deux filets de sang partant de chaque côté de la bouche. Les traits rappelaient ceux de Damon, mais il apparaissait sans doute aucun que Callie s'était largement inspirée du théâtre burlesque de la veille.

Callie leva les yeux et, me surprenant à l'épier, fit un « o » avec sa bouche en lâchant son pinceau. Une grosse tache noire se matérialisa soudain sur le visage de Damon.

— Regardez ce que j'ai fait à cause de vous ! s'exclama-t-elle, furieuse.

J'enfonçai mes mains dans mes poches et humai discrètement l'air, à la recherche d'une trace de Damon.

— Désolé.

Callie laissa échapper un soupir exaspéré.

— Je n'ai pas besoin de vos excuses. J'ai juste besoin que vous arrêtiez de me distraire, pour pouvoir travailler.

— Vous voulez que je vous aide à rattraper votre dessin ?

Les mots m'échappèrent et je terminai ma phrase avant même d'avoir eu le temps d'y penser. Ils flottèrent un moment entre nous, alors que ma proposition d'aider Callie semblait nous étonner autant l'un que l'autre.

— Rattraper mon dessin ? répéta-t-elle, les mains sur les hanches. J'ai bien entendu ? Rattraper mon dessin ?

— Oui ? insistai-je avec maladresse.

— Vous vous rendez compte que vous m'avez laissée rentrer toute seule chez moi hier soir, sans un mot d'explication ?

Son menton, levé, me défiait, et le reste de son corps était figé dans une posture d'agressivité ; sa lèvre inférieure, pourtant, tremblait et je voyais bien qu'elle avait de la peine.

— Callie, commençai-je...

Dans ma tête fusèrent toutes sortes d'excuses : « Je travaille pour votre père. On ne devrait pas sortir en cachette. Vous n'êtes qu'une... fille et moi... un vampire... » Bien qu'une partie de moi soit furieuse contre elle parce qu'elle laissait son père exhiber Damon comme du bétail, le forcer à se battre et risquer sa vie, une autre partie de moi savait qu'elle avait un peu d'influence sur son père comme j'en avais eu sur le mien. Et, à cet instant, ce que je souhaitais plus que tout, c'était de faire cesser le tremblement de cette lèvre.

— C'est mieux ainsi, dis-je en faisant tourner ma bague autour de mon doigt.

Elle secoua la tête et planta l'extrémité pointue de son pinceau dans la terre. Elle le laissa où il était, tel un minuscule drapeau blanc sur un champ de bataille après la bagarre.

— Inutile de vous justifier. On se connaît depuis une semaine. Vous ne me devez rien. C'est tout l'intérêt, entre étrangers : on ne se doit rien, déclara-t-elle sur un ton acerbe.

Je m'inclinai vers l'arrière, tout mon poids sur mes talons. Un silence s'installa entre nous. On aurait dit que l'image de Damon me regardait par-dessous, comme s'il se moquait de mon incapacité à redresser la situation.

— Eh bien, qu'attendez-vous pour vous mettre au travail ? On ne vous paie pas à ne rien faire.

Avant que j'aie le temps de tourner sur moi-même pour prendre congé, Jasper bondit hors d'une petite tente noire, en marge de la propriété.

— On a besoin d'un coup de main !

Un homme efflanqué le suivait d'un pas traînant, serrant son avant-bras contre lui. Callie sauta sur ses pieds.

— Que s'est-il passé ?

Le blessé tendit la main et le sang coula le long de son bras sur le sol. Je détournai les yeux, mais il était trop tard : un flot de douleur courut le long de mes gencives, percées de mes canines grandissantes.

— Le vampire a un combat aujourd'hui. Il nous faut plus d'hommes, expliqua Jasper hors d'haleine alors qu'il posait les yeux sur moi.

— Stefan.

Callie prononça mon nom sur un ton qui n'était pas celui de la question. Jasper et l'homme trapu me dévisageaient.

— Alors, tu viens, le nouveau ? Montre-nous que tu es de la trempe des hommes de Gallagher, me provoqua Jasper en indiquant le chapiteau d'un coup de menton.

— J'arrive, répondis-je avec lenteur, réfléchissant déjà à un plan.

Je détectai quatre battements de cœur distincts sous la tente. La verveine abondait, naturellement, mais je m'étais alimenté de façon régulière, ce qui devrait me permettre de faire face aux hommes. Quatre, cela passerait. Mais cinq... Je me tournai vers Jasper.

— Et si, avec Callie, vous vous occupiez de ce pauvre homme ici pendant que je me joins aux autres sous le chapiteau ?

« J'arrive, grand frère », ajoutai-je dans ma barbe.

Callie plissa les yeux.

— Vous avez dit quelque chose ?

— Non, m'empressai-je de nier.

Jasper se dandinait d'un pied sur l'autre tout en me jaugeant de l'œil.

— Callie va s'occuper de Charley pendant que je t'apprends les ficelles du métier de dompteur de monstre.

Il me flanqua une grande tape dans le dos, me poussant en direction de la grande tente. À chacun de mes pas, l'odeur de verveine s'amplifiait et faisait tourner le sang dans mes veines.

Nous pénétrâmes ensemble sous le chapiteau. À l'intérieur, il faisait noir et chaud. Les effluves de la plante m'asphyxiaient. Je dus rassembler toutes mes forces pour ne pas me plier en deux et hurler, à l'agonie. Je m'obligeai à garder les yeux ouverts pour regarder en face mon frère, enchaîné dans un coin. Quatre hommes tiraient sur ses chaînes dans une tentative vaine de l'empêcher de bouger.

À l'instant où Damon posa les yeux sur moi, son visage s'éclaira.

— Bienvenue en Enfer, petit frère, dit-il entre ses lèvres serrées quasi immobiles. (Il se tourna ensuite vers Jasper.) Alors, Jasp, l'interpella-t-il sur le ton de la conversation, à l'instar d'un homme qui parlerait à son voisin de table, à la taverne, tu as trouvé une autre bonne poire pour faire ton sale boulot. Bienvenue à toi, vieux frère. Voyons voir si tu vas pouvoir m'empaler.

— Il aboie plus fort qu'il ne mord, me prévint Jasper en me présentant un pieu.

À l'odeur qu'il dégageait, je devinai qu'il avait été imprégné de verveine.

— Donnez-moi vos gants, commandai-je avec autorité.

Si je touchais le bois, je me trahirais sur-le-champ.

— Ce n'est pas ça qui va te protéger. Ses crocs sont capables de passer à travers n'importe quoi, rétorqua l'intéressé.

— Passez-les-moi quand même, insistai-je entre mes dents.

Damon suivait la scène, complètement absorbé et savourant le plaisir de me voir dans un si mauvais pas.

— Enfin, si tu préfères les porter...

Jasper me tendit ses gants en cuir avec un haussement d'épaules. Après les avoir enfilés, je lui retirai le pieu des mains. Les miennes tremblaient légèrement. Comment un objet aussi léger pouvait-il être aussi dangereux ?

Damon rit tout bas.

— Jasper, tu aurais pu dénicher mieux ! Le pauvre gosse a l'air prêt à s'évanouir.

Je foudroyai mon frère du regard.

« Je suis en train d'essayer de te sortir de là, murmurai-je. (Damon pouffa.) S'il te plaît. »

« S'il te plaît, quoi ? » releva-t-il en enroulant ses chaînes autour de ses poignets.

« Laisse-moi te libérer. »

« Désolé, je ne peux rien faire pour ça. »

Il tira sur ses chaînes. Deux de ses gardes, pris par surprise, tombèrent à terre.

— Fais quelque chose ! m'ordonna Jasper avec brusquerie. Plante-lui un coup de pieu. Montre-lui qui est le chef !

« Entends la voix de ton maître, railla Damon avec mépris. Sois un homme. Transperce-moi de ton pieu. Un homme digne de ce nom n'a pas peur du sang, n'est-ce pas ? »

Jasper se pencha et ramassa un pieu par terre.

— Vas-y, mon garçon, prouve-nous qu'on a eu raison de t'embaucher, dit-il.

Avec un côté de son pieu, il me poussa vers l'avant, ce qui m'arracha un hoquet de surprise. La douleur me frappa de plein fouet, comme si on m'avait brûlé avec un tisonnier.

Damon se remit à ricaner.

Un des rabats de la tente s'ouvrit et Callie passa la tête par l'ouverture.

Je lui jetai des regards affolés.

— Callie, vous ne devriez pas être ici !

Elle et Damon me considérèrent d'un air interrogateur. Une sorte de douleur nauséeuse m'envahit. La verveine, la chaleur, les pieux...

À cet instant, d'une simple secousse sur ses chaînes, Damon se détacha et se rua sur Callie. Elle émit un cri terrible tandis que Jasper se jetait sur elle pour la protéger.

Le temps sembla ralentir. Sans même songer à ce que je faisais, je plantai violemment mon pieu dans l'estomac de Damon. Il tomba en arrière, le souffle court : des jets de sang sortaient de sa blessure.

« J'ai dit s'il te plaît ! » soufflai-je, furieux, à un volume que seul Damon pouvait percevoir.

Callie se tapit près de l'entrée, les yeux écarquillés, nous regardant alternativement mon frère et moi.

Celui-ci leva la tête dans ma direction et laissa échapper une expiration sifflante au moment de déloger le pieu de son corps. Là, sous les cris de Jasper et des autres hommes qui s'approchaient pour remettre ses chaînes à Damon, j'entendis un murmure rauque, des plus ténus, qui me promit :

« Sache que ton enfer vient à peine de commencer, petit frère. »

24.

Je m'élançai vers le lac, l'écho du pieu qui perforait la chair de Damon me battant les tympans. Une fois sur le rivage, j'observai mon reflet où des yeux noisette me fixaient au-dessus de lèvres pincées. Quelle image d'abruti fâché ! Je jetai un caillou dans l'eau pour la disperser en un millier de vagues.

D'un côté, j'avais envie de plonger pour rejoindre la rive opposée et ne plus jamais revenir. Que Damon aille au diable puisqu'il semblait vouloir mourir à tout prix. J'avais beau espérer qu'il soit mort, impossible cependant de me résoudre à le tuer. Nous restions, en dépit de tout, des frères, et je voulais – *devais* – faire tout ce qui était en mon pouvoir pour le sauver. Les liens de sang étaient indéfectibles. Ils étaient également compliqués, destructeurs et douloureux.

Assis sur mes talons, je m'enfonçai dans le sable saumâtre et poussai un soupir, le visage tourné vers le pâle soleil de novembre. J'ignore combien de temps je restai dans cette position quand, tout à coup, la terre vibra sous moi, secouée par des pas étouffés.

De déception, je vidai mes poumons en une fois. Qu'avais-je espéré en descendant jusqu'au lac ? Ma paix et ma tranquillité prirent fin avec l'arrivée de Callie. Elle s'assit près de moi.

— Tout va bien ? m'interrogea-t-elle en lançant une petite pierre dans l'eau sans se tourner pour me regarder.

— C'est juste que... j'aimerais rester tout seul. S'il vous plaît ?

— Non.

Je me redressai pour la dévisager.

— Pourquoi non ?

Elle pinça les lèvres et plissa le front, donnant l'image de quelqu'un réfléchissant à un problème compliqué. Puis, timidement, elle tendit le petit doigt pour suivre le contour de ma bague en lapis-lazuli.

— Le monstre a la même.

Horrifié, je retirai brutalement ma main. Comment avais-je pu oublier un détail aussi évident : nos bagues !

Callie s'éclaircit la voix :

— Le vampire... c'est... votre frère ?

Mon sang se glaça. Je bondis instantanément sur mes jambes.

— Non, Stefan ! Restez. (Ses iris verts s'élargirent et ses joues s'empourprèrent.) S'il vous plaît. Ne partez pas. Je sais ce que vous êtes ; je n'ai pas peur.

Je reculai d'un pas. J'avais le souffle court et le vertige. Ma nausée me reprenait.

— Comment pouvez-vous savoir ce que je suis et ne pas être effrayée ?

— Vous n'êtes pas un monstre, répondit-elle simplement.

Elle se mit debout à son tour. Nous restâmes quelque temps immobiles, sans parler, osant à peine respirer. Sur la surface du lac, un canard dessina un arc de cercle. Un cheval hennit au loin et une odeur de pin vint me chatouiller les narines. À cet instant précis, je remarquai que Callie avait détressé toute la verveine de sa chevelure.

— Comment pouvez-vous dire cela alors que je pourrais vous tuer en moins de temps qu'il n'en faut pour le dire ?

— Je sais. (Elle plongea ses yeux dans les miens – signe qu'elle sondait quelque chose. Mon âme, peut-être ?) Alors pourquoi ne pas l'avoir fait ? Ni avant ni maintenant ?

— Parce que je vous aime bien, avouai-je, surpris moi-même par mes paroles.

Un sourire furtif courba ses lèvres.

— Moi aussi, je vous aime bien.

— Vous en êtes certaine ? (J'entourai ses poignets de mes mains, et elle eut un léger mouvement de recul.) Parce que, lorsque je vous touche, j'ignore si j'ai envie de vous embrasser ou de... vous...

— Embrassez-moi, m'enjoignit-elle, hors d'haleine. Sans penser à l'alternative.

— Impossible. Si je commence... cela ne s'arrêtera pas là.

Callie s'approcha de moi.

— Mais vous m'avez sauvée. Quand votre... frère m'a sauté dessus, vous l'avez frappé avec le pieu. Vous avez enfoncé une arme dans le corps de votre propre frère. Pour moi.

— J'ai visé l'estomac. Pas le cœur, soulignai-je.

— Quand même.

Elle posa la main sur mon torse, juste à l'endroit où se trouvait auparavant mon cœur. Je me raidis, bouchant mes narines pour ne pas sentir son parfum.

Avant que j'aie le temps de réagir, elle sortit une aiguille de sa poche et s'en piqua l'index. Je me figeai net.

Du sang.

La goutte, semblable à un rubis, tenait en équilibre sur l'extrémité de son doigt.

Mon dieu ! Le sang de Callie. Il sentait le cèdre et le vin sucré. Des gouttes de sueur se formèrent sur mon visage et ma respiration devint haletante. Mes sens s'éveillèrent. Mes crocs s'allongèrent. La peur s'installa dans le regard de Callie puis émana de son corps tout entier.

Instantanément, mes canines se rétractèrent. Je tombai en arrière, le souffle court.

— Vous voyez... vous n'êtes pas un monstre, affirma-t-elle. Pas comme lui.

Le vent se leva et les mèches de Callie se mirent à onduler derrière elle, telles les vagues du lac. Elle frissonna et je me relevai pour l'attirer à moi.

— Peut-être, lui chuchotai-je à l'oreille, envoûté par son parfum, la bouche à quelques centimètres seulement de son cou. (Je ne pouvais me résoudre à lui confesser le nombre de vies que j'avais volées, raison pour laquelle Damon estimait que le monstre, c'était moi.) Mais c'est mon frère. Et s'il est là, c'est ma faute.

— Voulez-vous que je vous aide à le libérer ? proposa-t-elle gravement, comme si elle avait deviné depuis le début que c'est ici que notre conversation nous mènerait.

— Oui, acceptai-je sans détour.

Callie se mordit la joue tout en jouant avec une mèche de cheveux enroulée autour de son doigt, une fois, deux fois, dix fois.

— Mais ne vous sentez pas obligée.

J'évitai de croiser son regard afin d'être sûr de ne pas l'influencer. Elle me fixait, attentive. On aurait dit qu'elle était face à un code qu'il lui fallait déchiffrer.

— Rendez-vous dans deux jours, à minuit. C'est là que Damon sera transféré au grenier.

— Vous en êtes certaine ?

Elle hocha la tête et ajouta :

— Oui.

— Merci.

Je pris son visage dans mes mains en coupe et pressai mon front contre le sien. Ensuite, je l'embrassai.

Debout, sa paume contre ma paume, sa poitrine contre la mienne, j'aurai juré que mon cœur reprenait vie et qu'il battait à l'unisson du sien.

25.

À mon retour à la maison des vampires, la lune brillait haut dans le ciel. Lexi était affalée de tout son long sur le canapé ; les yeux fermés, elle écoutait Hugo au piano. L'instrument était si désaccordé que la mélodie qui s'en échappait, censée être une marche militaire entraînante, ressemblait davantage à un hymne funèbre. Néanmoins, je ne résistai pas au désir de prendre Lexi par la main pour la faire virevolter dans une danse improvisée.

— Tu es en retard, commenta-t-elle en se libérant de mon étreinte. Un nouveau rendez-vous galant, peut-être ?

— Ou bien tu étais occupé à ajouter quelques humains à ton tableau de chasse ? lança Buxton, qui entrait dans la pièce.

— Tu es amoureux ? voulut savoir Percy, les genoux posés sur les coudes.

Il me toisait avec jalousie depuis la table, dans le coin, où il jouait au solitaire.

Percy aimait, à n'en pas douter, les femmes ; seulement, à voir son visage enfantin, on lui donnait quinze ans et souvent les femmes qui l'attiraient le plus prenaient Lexi pour sa mère. J'étais heureux d'avoir été changé en vampire à l'âge de dix-sept ans.

Je niai d'un mouvement de tête.

— Je ne suis pas amoureux, répondis-je. (Mais était-ce moi que j'essayais de convaincre ?) Je prends mes marques au cirque. Et je crois que La Nouvelle-Orléans commence à me plaire.

— Tu nous en diras tant ! siffla Buxton avec sarcasme.

— Buxton ! (Lexi lui adressa un regard de reproche avant de se tourner vers moi.) Tu as oublié nos plans ?

Je me creusai les méninges et finis par secouer la tête.

— Je suis désolé.

Lexi soupira.

— Souviens-toi. Je t'emmène faire les boutiques. J'ai beau être un vampire, je n'en suis pas pour autant dépourvue de coquetterie et je ne supporte pas d'être entourée d'hommes mal habillés. Que vont penser les voisins ?

Elle rit de sa propre plaisanterie.

— Ah oui. (Je fis un pas en direction de l'escalier.) Peut-être pourrions-nous remettre cela à demain ? Je suis exténué.

— Je suis sérieuse, Stefan. (Lexi me prit le bras.) Tu as besoin de vêtements, et c'est un genre de tradition ici. J'ai personnellement convié ces deux gentilshommes à une séance d'essayage et regarde le résultat.

D'un coup de menton, elle indiqua Buxton et Hugo avec un air d'extraordinaire satisfaction. Elle avait raison.

Avec un manteau bleu marine à col haut pour l'un et un pantalon taillé sur mesure pour l'autre, les deux vampires avaient beaucoup d'allure.

— De toute manière, tu n'as pas le choix, conclut-elle avec malice.

— Ah non ?

— Non. (Lexi ouvrit la porte d'un geste théâtral.) Les garçons, nous y allons. Lorsque nous rentrerons, Stefan sera si beau que vous ne le reconnaîtrez pas !

— Au revoir, beau brun ! se moqua Buxton à voix haute alors que la porte se refermait dans un clic.

Lexi secoua la tête. Personnellement, cela ne m'atteignait pas. Étrangement, je m'étais habitué à Buxton. D'une certaine façon, je le considérais comme un frère. Un frère au tempérament irascible et potentiellement mortel, mais dont j'avais appris à gérer les emportements.

Tels deux amis, Lexi et moi cheminâmes dans l'air frais de la nuit. Je l'apercevais qui me toisait du coin de l'œil et m'interrogeais sur ce qu'elle pouvait bien voir en moi.

J'avais l'impression d'avoir trois vies différentes : dans l'une, je tenais le rôle du frère loyal, dans une autre, j'étais membre d'un club dont je n'étais pas persuadé de saisir pleinement le sens et, dans la troisième, je mettais ma confiance de jeune homme entre les mains d'une femme humaine – une femme pour laquelle j'avais assailli ma chair et mon sang. L'ennui, c'est que je n'étais pas certain de savoir comment mener ces trois existences de front avec cohérence.

— Tu n'es pas bavard, constata Lexi. Et... (Elle renifla.) Tu n'as pas bu de sang humain ces derniers temps. Je suis fière de toi, Stefan.

— Merci, murmurai-je.

Je savais que sa fierté ne durerait pas si je lui faisais part de la conversation que Callie et moi avions eue. Elle me jugerait trop impulsif, me traiterait de naïf et estimerait que j'avais commis une grossière erreur en mettant Callie dans la confidence. Bien qu'en réalité je n'aie pas dit grand-chose qui ait confirmé les soupçons très forts qu'elle avait déjà.

— Nous y sommes.

Lexi s'arrêta devant une porte en bois quelconque sur Delphine Street. Elle sortit un crochet métallique de sa poche et le glissa dans la serrure, où elle l'agita par à-coups. Passé quelques instants, le loquet céda.

— Voilà. La boutique est désormais ouverte aux clients. (Lexi, perchée sur une ottomane rigide en cuir, ouvrit grands les bras.) Il ne te reste qu'à choisir.

Une dizaine de mannequins, le torse bombé, prenaient des poses diverses dans le magasin. L'un, vêtu d'une veste en tweed, avait le bras levé comme s'il saluait une connaissance tandis qu'un autre, coiffé d'une casquette de marin, mettait sa main en visière, comme pour contempler la mer depuis son bateau. Des rouleaux de tissu de qualité s'alignaient contre le mur du fond et une rangée de boutons de manchettes luisaient dans une vitrine. Des piles de chemises prêt-à-porter montaient la garde en silence dans la boutique plongée dans la pénombre. D'un tiroir s'échappait une poignée de cravates.

Sous ses jupes, Lexi croisa les chevilles et me fixa, un éclair de fierté dans les yeux alors que je prenais un manteau couleur fauve en poil de chameau pour l'enfiler.

Aussi raide qu'un piquet, j'attendis son approbation, de la même façon que je l'avais fait à l'époque où ma mère m'emmenait acheter des habits.

— Comment veux-tu que je me prononce si tu restes planté là à imiter les mannequins autour de toi. Marche un peu. Vois ce que tu en penses, commanda Lexi d'un geste impatient de la main.

Je levai les yeux au plafond mais fis le tour du magasin, imitant les riches que Callie et moi avions vus au théâtre burlesque. Je tendis la main à Lexi avec une mimique affectée.

— Madame ? Vous dansez ? l'invitai-je en adoptant un fort accent anglais.

Lexi secoua la tête, visiblement amusée.

— D'accord. J'ai compris. Un peu trop dandy. Et celui-là ?

Elle désigna un mannequin en pantalon noir et manteau gris avec un passepoil rouge. J'ôtai ma veste et enfilai le manteau. Lexi approuva d'un signe de tête, le regard lointain tout à coup.

— À quoi penses-tu ? lui demandai-je.

— À mon frère.

Je repensai au garçon du portrait, à ses yeux si semblables à ceux de Lexi.

— Et ?

Lexi saisit une cravate en soie qu'elle joua à faire passer entre ses doigts. Elle prit la parole sans me regarder :

— À la mort de nos parents, j'ai commencé à fréquenter un vampire. Nous avions l'habitude d'aller nous promener, tous les deux. Un jour, il m'a demandé si je voulais vivre pour toujours. Évidemment, j'ai répondu oui. J'étais jeune. Et qui ne rêverait pas de rester jeune et belle pour l'éternité ? En outre, si je me transformais, cela signifiait que je n'aurais pas à quitter Colin. Il avait déjà tant perdu, je me disais que, eh bien, il pourrait avoir l'assurance de ne jamais me perdre moi.

— Colin était-il un vampire lui aussi ?

Lexi jeta violemment la cravate, la faisant claquer tel un fouet.

— Jamais je n'infligerai ça à quelqu'un que j'aime.

Le souvenir du jour où j'avais forcé Damon à boire le sang d'Alice me revint à l'esprit avec force. Je fixai mes pieds, de peur que Lexi ne devine ce que j'avais fait subir, moi, à une personne que j'aimais.

— Alors, que s'est-il passé ?

— Les gens ont commencé à avoir des soupçons. En ce temps-là, je ne me doutais pas qu'il faudrait redoubler de prudence. Mon frère vieillissait, mais moi je ne changeais pas. Autour de nous, on se posait des questions. Puis on encercla notre maison et on y mit le feu avec des torches. Ironie du sort, je parvins à m'échapper. Au contraire de Colin, pourtant innocent. Il n'avait que seize ans.

— Je suis sincèrement désolé.

Je tentai de me représenter Lexi pendue au bras de l'homme qui lui avait promis monts et merveilles, à l'instar de Katherine avec moi. Je l'imaginais en train de la mener dans une allée sombre, ne prenant qu'un peu de sang pour commencer, lui demandant de boire le sien avant de lui transpercer le cœur pour achever la transformation.

D'un geste de la main, Lexi chassa l'image d'elle jeune fille.

— Ne sois pas désolé. Cela remonte à plus d'un siècle. Aujourd'hui, il serait mort de toute façon. (Elle me jaugea du regard.) Cette veste te va bien.

— Merci. (Soudain, le poids de ma conversation avec Callie sembla peser davantage sur mon estomac.) J'ai un plan pour sauver Damon, annonçai-je sans transition.

Lexi leva brusquement la tête, les pupilles dilatées.

— Quoi ?

— Demain soir. Callie va m'aider. (J'osai enfin croiser le regard de Lexi.) Ils ont ramené Damon à Laurel Street. Son père va sortir pour aller à une partie de cartes et nous libérerons alors Damon.

— As-tu dévoilé à Callie ta véritable nature ? m'interrogea Lexi d'une voix grave et sèche.

Je mordillai mon pouce et finis par répondre :

— Non.

— Stefan !

— Elle a deviné ! me défendis-je. Qui plus est, j'ai confiance en elle.

— Confiance ! cracha Lexi. (Elle se releva avec une vigueur telle que l'ottomane bascula.) Tu ne connais même pas la définition de ce mot. Callie est la fille de Patrick Gallagher, l'homme qui vient d'obliger ton frère à mener un combat à mort contre un puma. Comment peux-tu savoir qu'il ne s'agit pas d'un plan savamment élaboré pour te capturer à ton tour ?

— Tu me prends vraiment pour un imbécile ? (Je m'approchai d'elle dans une attitude de défi.) Je suis peut-être jeune, mais j'ai un bon instinct.

Lexi pouffa de rire.

— Tu veux parler de l'instinct qui t'a poussé à te jeter tête la première dans les griffes de trois vampires ? Ou de celui qui t'a conduit à assassiner cette fille dans le train ?

— Je suis toujours en vie, n'est-ce pas ?

— Grâce à *moi*, oui ! Et aux garçons. En revanche, ne compte pas sur moi pour te laisser nous attirer dans un piège. Face à Patrick Gallagher qui plus est.

— Je ne t'oblige pas ! hurlai-je, frustré. Ce n'est pas parce que tu as laissé ton frère mourir que je vais en faire autant avec le mien ! Je lui dois bien ça.

— Tu n'es qu'un ingrat !

De toutes ses forces, elle me poussa contre un miroir cerné d'un cadre doré. Je tombai et le miroir vola en éclats. L'un d'entre eux m'entailla profondément le bras, mais je sentis à peine la douleur. C'était plutôt la puissance de Lexi qui me choquait. Je l'avais déjà vue à l'œuvre, mais je n'en avais jamais fait les frais.

Lexi me toisa de haut, ses iris jetant des éclairs.

— Il est temps que tu assumes ce que tu es, et le plus tôt sera le mieux. Tu es un vampire. Les vampires ne pactisent pas avec les humains.

Dans un bond, je me relevai et la repoussai violemment. Elle atterrit brutalement sur les rouleaux de tissu, à l'opposé du magasin.

— Avec elle, si, puisqu'elle peut me permettre de sauver Damon, rugis-je.

Sur ces paroles, je quittai la boutique d'un air furieux et m'enfonçai dans le noir de suie de la nuit.

26.

Je passai de nouveau la nuit au lac, sans dormir cette fois. Assis au bord du rivage, j'écoutais le monde fredonner autour de moi tel un spectateur à une représentation musicale. Les grenouilles coassaient mélodieusement, gonflant leur poitrine avec fierté. Des poissons remontaient à la surface pour avaler les insectes d'eau qui voltigeaient avant de replonger vers les profondeurs grâce à un doux battement de queue. Dans le ciel, des oiseaux volaient dans une procession en forme de V tandis qu'entre les roseaux de petits animaux se pourchassaient, furetant à la recherche de leur prochain repas dans un bruit de froufrou.

Le clou du spectacle survint lorsque le soleil, énorme globe baigné de brume, s'éleva, majestueux, tout en haut – signe qu'il prenait sa place royale face à la terre, son sujet.

Depuis mon poste d'observation, j'examinai l'astre qui aurait pu m'être fatal en quelques secondes si je n'avais porté la bague offerte par Katherine et une sensation de calme monta peu à peu en moi. Le monde était merveilleux, magique, et je m'estimais heureux d'y avoir encore ma place.

Je saisis une pierre parfaitement ronde et plate ; je me relevai, les yeux fixes, vers la surface de l'eau. Je fermai les paupières. « Quatre ricochets et tout irait bien », pensai-je. Je regardai ensuite la pierre prendre son envol. Elle ricocha une fois, deux fois, trois fois...

— Quatre ricochets ! Très impressionnant ! dit une voix avec enthousiasme, suivie de battements de mains.

Juste comme je me retournai, Callie bondit dans mes bras.

— Bonjour ! la saluai-je dans un rire en la faisant tournoyer dans les airs.

— Vous êtes de bonne humeur, constata-t-elle avec un sourire.

— En effet. Et c'est grâce à vous.

Elle glissa son bras sous le mien.

— Dans ce cas, je sais comment vous pourriez me remercier !

À travers mon manteau, je sentais son pouls battre. Son sang dégageait une odeur quasi irrésistible. Mais ma pierre avait ricoché quatre fois et je me laissai donc aller à me pencher pour l'embrasser.

Je passai toute la journée en compagnie de Callie et la nuit au lac. À mon retour à la maison, le lendemain au crépuscule, je découvris par terre, devant ma chambre, une pile de vêtements avec, notamment, le pantalon noir et le manteau gris que j'avais essayés pour Lexi. Sur le dessus, un message écrit à la main, en lettres majuscules, disait :

Suis ton cœur. Estime-toi heureux d'en avoir encore un.

Je ramassais le paquet de linge, à la fois touché, soulagé et un peu triste.

J'enfilai une chemise bleue en chambray et un pantalon blanc. Je me lissai ensuite les cheveux vers l'arrière. J'avais l'air d'un jeune homme qui se préparait pour un rendez-vous avec une jolie fille. Si seulement les choses avaient été aussi simples.

Sur la pointe des pieds, je descendis l'escalier, m'attendant à tout moment à ce qu'on surgisse de l'obscurité pour m'arrêter et me convaincre que mon plan était voué à l'échec. Pourtant, une fois au bas des marches, je traversai la cuisine et empruntai la porte de derrière sans qu'aucune de mes craintes devienne réalité.

Dehors, je parcourus les trois kilomètres jusqu'à Laurel Street, mains dans les poches, sifflotant les accords de *God Save the South*. Devant une vaste demeure à la façade couleur pêche située en contrebas de la rue de Callie, je m'arrêtai pour cueillir dans un buisson une fleur de magnolia blanche.

— Stefan ! entendis-je murmurer avec urgence depuis un arbre au bord de l'allée des Gallagher.

Callie sortit de sa cachette ; ses cheveux, détachés, flottaient dans son dos et elle était vêtue d'une chemise de nuit blanche ornée de dentelle à œillet comme la première fois que je l'avais vue. Si ce n'est que ce soir-là elle était suffisamment proche pour que je m'aperçoive, en dépit du gros châle en laine gris qu'elle portait, qu'elle n'avait pas enfilé de combinaison. Je détournai le regard, envahi d'une timidité subite.

— Stefan, chuchota-t-elle en effleurant mon bras. Vous êtes prêt ?

— Oui.

Je glissai la fleur derrière son oreille, ce qui la fit sourire.

— Quel gentleman vous faites.

— Et vous, quelle beauté !

Je dégageai une mèche de ses cheveux derrière son lobe. Ses boucles, douces comme des pétales de rose, sentaient le miel. J'aurais voulu rester ici pour toujours, à admirer les petits nuages blancs qu'elle exhalait en respirant.

— Callie... commençai-je tandis qu'au loin le carillon d'une église emplissait l'air glacé.

Les douze coups de minuit. L'heure fatale.

— C'est l'heure, annonça Callie. Le quart de Jasper se termine à minuit et demi, mais je peux lui dire que vous êtes ici pour le libérer plus tôt. Ainsi, nous gagnerons du temps. Et, quand la relève arrivera pour le tour de garde suivant, vous serez parti depuis longtemps. Seulement, il faut se dépêcher.

Elle semblait très sûre d'elle, même si ses lèvres tremblantes la trahissaient. J'aurais voulu la prendre dans mes bras, la porter jusqu'à son lit et la border en lui murmurant de faire de beaux rêves. À l'inverse pourtant, moi, le vampire, je me reposais sur cette enfant pour assurer ma protection.

Callie joignit ses mains en signe de prière silencieuse. Ensuite, elle hocha la tête et m'adressa un vague sourire.

— N'ayez pas peur.

Elle pressa sa paume contre la mienne et je sentis son cœur battre la chamade ; aux points de contact avec sa main, je décelais son pouls.

Elle m'accompagna de l'autre côté de la grille en fer et le long du chemin de gravier. Sur le côté de la maison, elle ouvrit une modeste porte.

— Pas de bruit, me commanda-t-elle alors que mes pupilles s'adaptaient à l'obscurité ambiante.

Contrairement au reste de la demeure, où luisaient marbre poli et chêne ciré, cette entrée avait une fonction purement utilitaire : destinée aux domestiques, elle leur donnait accès à la réserve, dans le grenier, sans qu'ils aient besoin de déranger les autres résidents de la maison. Un escalier raide, construit à base de poutres de noyer mal dégrossies, apparut sous nos yeux. Callie pencha la tête de côté, à l'affût d'un bruit suspect. Je l'imitai, même si mon cerveau bouillonnait tant qu'il m'aurait été impossible de discerner clairement la moindre conversation.

Tout à coup, j'entendis un bruit de grattement sous nos pieds. Callie me jeta un œil : elle avait entendu elle aussi.

— Jasper, expliqua-t-elle. Nous ferions mieux de monter.

Elle gravit les marches branlantes et je lui emboîtai le pas. Une fois devant la porte en cérusé craquelée, Callie frappa : deux fois brièvement, puis, après une pause, une troisième fois plus longuement.

Un verrou s'ouvrit, puis le bruit caractéristique de deux pièces de métal retentit alors que Jasper tournait la clé dans la serrure. Enfin, il entrouvrit la porte et s'appuya contre son cadre afin de nous boucher la vue à l'intérieur.

— Eh bien, eh bien, mais c'est Callie et l'homme qui a empalé le vampire avant de prendre ses jambes à son cou. Que me vaut l'honneur ? nous provoqua Jasper avec un regard méchant.

Mal à l'aise, je m'appuyai sur une jambe puis sur l'autre et tentai d'entrevoir la pièce.

— Bonjour, Jasper, dit Callie en entrant.

Elle me fit signe de la suivre. Dans la pénombre, je ne discernai qu'une cage de grande taille, dans un coin. Une grosse forme immobile gisait à l'intérieur.

— Père voudrait vous voir dans son bureau. Stefan prendra le relais en attendant le prochain quart.

— Voir Jasper dans le bureau ? (Une grosse voix s'éleva.) Mais je suis juste ici.

Je me figeai sur place. Gallagher.

Le père de Callie était assis à une table bancale, derrière la porte, une main de cartes posée devant lui. Au centre du meuble brûlait une bougie.

— Oh ! Père. (Sa fille ricana – un rire forcé, en décalage avec la situation.) J'ai dû mal comprendre. Je savais que vous vouliez jouer aux cartes ce soir et je suppose que j'ai cru que vous seriez mieux installé dans le bureau ou...

Sa voix faiblit. Elle s'humecta les lèvres et prit place sur une chaise face à Gallagher.

— C'est gentil de penser à moi, fille, commenta l'homme d'un ton bourru.

— Monsieur Gallagher, le saluai-je en m'inclinant légèrement. On m'a dit de me présenter au travail pour prendre mon service, mais j'ai pu me tromper...

Inutile de feindre la perplexité quand Callie avait juré que son père ne serait pas chez lui.

— Est-ce exact, Jasper ? voulut savoir Gallagher.

— J'imagine que oui. L'est pas mauvais, celui-ci. Un peu nerveux mais, quand il frappe, il n'y va pas de main morte.

Le patron du cirque approuva d'un mouvement de tête alors qu'il réfléchissait à ces informations.

— Et c'est à ce garçon que vous faites confiance, mademoiselle Callie ? demanda l'homme à sa fille.

Elle répondit par l'affirmative, les joues empourprées sous ses taches de rousseur. Pour finir, heureusement, Gallagher se mit debout en raclant sa chaise par terre.

— Alors, je vous laisse discuter de ça entre vous, déclara ce dernier en prenant son whisky pour suivre sa fille qui redescendait.

— Gallagher t'a à la bonne, on dirait ?

Jasper me fourra un pieu imbibé de verveine entre les mains ; ma peau me brûla et une douleur terrible remonta le long de mes bras. Je résistai à l'envie de rugir et mordis ma langue pour ne rien dire. Crispé, je tenais le pieu à deux doigts, m'efforçant de réduire au minimum le contact de mon corps avec le bois empoisonné.

— Bon, inutile que je fasse de vieux os ici, alors, reprit Jasper. Le vampire a faim ce soir. J'espère qu'il te mangera. Pendant ce temps, je serai avec mademoiselle Callie et son père. Je vais leur montrer, moi, que tu n'es pas le seul capable de jouer les gentilshommes distingués.

Les mouvements de Jasper étaient approximatifs et, à son haleine, je savais qu'il avait bu du whisky. Dès que ses bruits de pas s'estompèrent, je laissai tomber le pieu au sol en mugissant de douleur. Ensuite, je m'approchai prudemment de la large cage située dans un renfoncement. Damon, tel un animal blessé, était couché, en boule, dans un coin.

— Grand frère ? l'appelai-je tout bas.

Il se redressa, crocs sortis, et me fit sursauter. Il se mit à rire d'un étrange gloussement rauque avant de se laisser retomber sur le côté de la cage, épuisé par l'effort.

— Et alors, petit frère ? Tu as peur d'un vampire ?

J'ignorai son sarcasme, préférant me concentrer sur un moyen de le sortir de sa prison. Je me débattais avec la porte sous le regard étonné de Damon. Il rampa lentement jusqu'à moi. Alors qu'il tendait le bras, je sentis une douleur fulgurante irradier depuis ma colonne vertébrale dans tout mon corps.

— Je t'ai eu ! s'écria une voix.

Le sol sembla se dérober sous moi alors que je tombais face contre terre. Je heurtai brutalement une surface dure – Damon ? – juste au moment où retentissait l'écho de la porte métallique de la cage se refermant derrière moi.

27.

Mes paupières étaient si lourdes : il paraissait impossible de pouvoir ouvrir les yeux. Je ne savais pas combien de temps j'étais resté inconscient. Une nuit ? Deux ? Une semaine ? Quoi qu'il en soit, il faisait noir. Je percevais vaguement des bruits de pas et des cris ; une fois, il me sembla aussi que Callie m'appelait. Un jour, pourtant, je me réveillai pour de bon, sans reperdre connaissance. En levant les bras, je m'aperçus que j'étais enchaîné au mur. Mes bras et mes jambes portaient des marques de brûlure à cause de la verveine. Mon corps était couvert de sang séché et je n'aurais pu déterminer avec certitude de quelle blessure il avait coulé. Près de moi, Damon était assis, ses genoux ramenés contre lui. Son corps était lui aussi baigné de sang et son visage était émacié. Des cernes noirs bordaient ses yeux creux, mais ses lèvres dessinaient un sourire fabriqué.

— Plus si fort, maintenant, n'est-ce pas, petit frère ?

Je luttai pour me redresser. J'avais mal partout. Le grenier était baigné d'une lumière blafarde tirant sur le gris qui filtrait par une fenêtre crasseuse. Quelque part, à l'opposé de la pièce, je sentais une souris faire son nid et renifler. L'odeur m'ouvrit l'appétit et je me rendis compte que, depuis que j'étais ici, je n'avais rien mangé. À l'écart, dans une autre partie du grenier, deux gardes, assis, n'étaient pas conscients de notre échange quasi silencieux.

De dégoût, je secouai la tête. Comment avais-je pu être aussi stupide ? Lexi avait vu juste. Bien sûr qu'elle avait eu raison. Callie m'avait trahie. Elle avait dû planifier cela depuis le début, à la seconde où elle avait remarqué ma bague identique à celle de Damon. J'aurais dû comprendre en voyant son père dans la pièce. Comment avais-je pu me jeter tête la première dans un piège aussi grossier ? Je méritais qu'on m'enchaîne tel un animal.

— Tu l'aimais ? me demanda mon frère, comme s'il avait lu dans mes pensées.

Le regard fixe, droit devant, je ne bougeai pas.

— Elle n'est pas venue nous rendre une petite visite, si jamais tu te posais la question, poursuivit Damon sur le ton de la conversation. Elle est jolie, mais, si tu veux mon avis, tu peux trouver mieux.

Un accès de colère déclencha l'allongement de mes canines.

— Tu peux me dire où tu veux en venir, là ? grognai-je.

Damon fit un geste en direction des barreaux.

— Nulle part, visiblement. Parfait, ton plan d'évasion, au fait !

— Au moins, j'ai essayé, répondis-je, ma rage se dissipant pour laisser place à un sentiment de résignation.

— Pourquoi t'être donné tout ce mal, je me demande ? (Les yeux de Damon lançaient des éclairs.) N'ai-je pas été assez clair en ce qui concerne l'opinion que j'ai de toi ?

— Je... commençai-je, quand je m'aperçus que je n'avais aucun argument à avancer.

Comment lui dire que la perspective de le sauver n'était pas une option pour moi ? Que le même sang coulait dans nos veines et que nous étions donc indissolublement liés l'un à l'autre.

— Cela n'a pas d'importance, conclus-je finalement.

— Non. Aucune, répliqua Damon, philosophe tout à coup. Bientôt nous serons morts, de toute manière. Mais la question, c'est : seras-tu tué par un crocodile ou par un tigre ? J'ai entendu Gallagher raconter que les crocodiles sont les meilleurs adversaires dans un combat parce qu'ils ne portent pas de coup fatal : ils font durer le plaisir et laissent leurs adversaires mourir de fatigue.

Au même moment, on ouvrit la porte du grenier en grand. Gallagher fit son entrée et s'avança d'un pas décidé dans la pièce, ses bottes résonnant sur le plancher.

— Les vampires sont réveillés ! s'écria-t-il.

Les deux gardes sursautèrent et firent semblant de s'affairer, comme s'ils ne nous avaient pas quittés des yeux. Gallagher, d'une démarche volontaire, approcha de notre cage et s'agenouilla pour être à notre hauteur. Son costume trois-pièces était impeccable, et on aurait pu croire qu'il avait bâti sa fortune dans la finance et non en torturant des vampires.

— Eh bien... la ressemblance saute aux yeux maintenant. Je me sens honteux de ne pas m'en être rendu compte plus tôt.

D'une main passée à travers les barreaux, il empoigna ma chemise et m'attira vers lui, écrasant mon visage contre la cage. Un objet en bois m'arracha une grimace quand il perça ma poitrine.

Un pieu.

— Et dire que tu as presque réussi à nous convaincre que tu étais humain !

La tête soudain rejetée en arrière, l'homme éclata de rire, comme amusé par une plaisanterie des plus drôles.

— Vous ne vous en sortirez pas aussi facilement ! sifflai-je.

Une douleur jaillit partout en moi alors que Gallagher enfonçait le pieu plus profond.

— Fais attention, vampire ! menaça-t-il. (Sa bouche se crispa dans une moue rageuse.) Tu sais, je pense parier contre toi lors de ton combat. Oui, je pense que c'est une excellente idée. (Il se tourna vers les gardes.) Vous avez entendu ça ? Un conseil du patron. Pariez sur le brun. (Il fit pivoter le pieu dans ma chair.) Je pense que son frère a plus de haine dans les tripes.

Je ne pouvais voir Damon d'où j'étais, mais je n'avais aucun mal à imaginer son sourire suffisant.

Gallagher pouffa de rire et laissa tomber le pieu par terre.

— À propos, je vous interdis d'utiliser encore les pieux contre les vampires pour le plaisir, dit-il en direction des gardes.

Le plus robuste des deux baissa la tête pour contempler ses pieds avec une mine coupable.

— Pourquoi pas ? s'indigna l'autre. Ça leur fait du bien ; ça les remet à leur place.

— Parce que nous voulons qu'ils soient en pleine forme pour leur combat, expliqua le patron d'une voix qui feignait la patience. (Il nous sourit à Damon et à moi.) C'est exact, les garçons. Vous allez vous battre l'un contre l'autre jusqu'à ce que mort s'ensuive. C'est la solution idéale. J'aurai à disposition un vampire mort à vendre morceau par morceau et un autre vivant pour les spectacles. Les bénéfices amassés dépasseront mes rêves les plus fous. Vous savez, c'est peut-être un sacrilège, mais personnellement je dis : Dieu merci, nous avons les vampires !

Sur ce, Gallagher tourna les talons et claqua la porte du grenier derrière lui. J'appuyai mon dos contre les barreaux, imité par mon frère, paupières closes, sous le regard des gardes, bouche bée.

— Je sais que le patron a parlé du brun, là, mais tu ne trouves pas qu'il a l'air d'un freluquet ? Moi, je parie sur celui-ci.

— Moi j'écoute toujours le patron. En plus, y a pas que la taille qui compte, intervint l'autre, efflanqué, pour lequel les paroles tout juste prononcées devaient représenter un affront.

Je m'effondrai, dos au mur, les yeux fermés. La haine qu'éprouvait Damon à mon égard suffirait sans nul doute à ce qu'il m'inflige la mort. Mais le ferait-il pour autant ?

— Je suis plus féroce qu'un crocodile, petit frère, décréta-t-il sans relever les paupières. Et c'est la meilleure nouvelle que j'aie entendue depuis que nous sommes des vampires !

Il se mit à rire, longtemps et fort, jusqu'à ce qu'un des gardes s'approche de la cage et, en dépit des ordres de Gallagher, lui donne un coup de pied entouré de brins de verveine. Même alors, Damon continua à rigoler.

28.

— Tu te souviens du jour où on a cassé la coupe en cristal de Mère ? demandai-je. J'étais si inquiet de sa réaction que je me suis mis à pleurer.

— Oui. Et Père a décrété que c'était ma faute. Il m'a fouetté et m'a traité de vilain, se remémora Damon en parlant d'une voix terne. J'ai essayé de te simplifier la vie, petit frère. Seulement, c'est fini. Cette fois, je veux que tu récoltes exactement ce que tu as mérité.

— Qu'attends-tu que je te dise, Damon ? lançai-je sur un ton furieux, si fort que les deux gardes levèrent la tête de surprise.

Mon frère marqua une pause, les paupières à moitié fermées.

— Je vais te dire précisément ce que je souhaite t'entendre dire... juste avant de te tuer.

Je levai les yeux au ciel, furieux et frustré.

— Je croyais que c'était toi qui voulais mourir. Et maintenant, tu menaces de me tuer.

Damon gloussa.

— Tu sais, maintenant que j'y pense, je me dis qu'être une bête de l'Enfer n'est pas si terrible après tout. D'ailleurs, je pense que c'est un rôle qui pourrait me plaire énormément. Ce n'était peut-être pas mon nouveau statut que je méprisais, mais plutôt *toi*. En revanche, si tu n'es plus là...

— Si je ne suis plus là, tu feras partie du cirque de Patrick Gallagher pour le restant de tes jours.

— Mais reconnais-le, petit frère : ne trouves-tu pas que le cirque de Gallagher est plus drôle qu'il n'est infernal ? Et, une fois que j'aurai récupéré des forces, je pense que je pourrai préparer mon évasion sans problème.

— Et alors je suis sûr que tu te feras capturer, comme la première fois, commentai-je avec répulsion.

J'appuyai l'arrière de ma tête contre les barreaux. Le début du combat n'était plus qu'à une petite heure ; je n'avais toujours pas perdu espoir de convaincre Damon et de raviver la dernière petite étincelle de lien fraternel. Pourtant, quoi que je dise, il me raillait ou m'ignorait.

Il était impossible de savoir avec exactitude combien de temps nous avions été ainsi enfermés. Depuis que j'étais devenu un vampire, le temps avait pris une tout autre dimension. Les secondes et les minutes n'importaient plus. Le fait d'être emprisonnés, toutefois, redonnait au temps sa valeur car chaque seconde qui passait nous rapprochait de l'échéance de notre affrontement. Pendant que j'attendais, j'imaginais les différentes tournures que pouvait prendre le combat. Je voyais Damon me rompre le cou et pousser un rugissement de triomphe pour le plus grand plaisir de la foule. Je me représentais en train de succomber à la colère, ravissant sans le vouloir la vie de mon frère... une fois encore.

Mais que se passerait-il si nous refusions tous les deux de nous battre ? Pourrions-nous nous défendre contre tous les spectateurs ? Serait-il possible, d'une façon ou d'une autre, de nous échapper ? Certes, les laquais de Gallagher étaient armés de pieux et de verveine, mais nous, nous avions le pouvoir. Si seulement Callie était de mon côté...

Mon cœur se serra au souvenir de la trahison de Callie. La vision de sa chevelure de feu et de ses yeux luisants me revenait sans cesse à l'esprit, ravivait ma colère, attisait ma douleur, toujours plus.

Je fermai les poings. J'aurais mieux fait d'écouter Lexi. Et de ne pas faire confiance à un être humain.

Tout ce que j'espérais du combat était que, si je devais mourir, ce serait avec les yeux clos, sans balayer la foule du regard à la recherche de son visage.

— Allons-y, les garçons ! cria Gallagher en ouvrant la porte comme s'il venait réveiller deux enfants pour partir en randonnée dans le soleil éclatant du petit matin.

Il portait un gilet noir et une montre en or flambant neuve qui étincelait sous les faibles rayons de soleil. Il claqua des doigts et, aussitôt, les gardes bondirent sur leurs jambes et peinèrent à enfiler leurs pseudo-costumes de dompteurs de vampires : des gants, des bottes et des couronnes tressées de verveine.

La porte de la cage s'ouvrit plus grand encore pour permettre aux gardes de nous sortir afin de nous plaquer des muselières sur la bouche et de nous enchaîner les mains dans le dos. Les yeux bandés, on nous escorta hors du grenier jusqu'à l'arrière d'un chariot. Le véhicule démarra pour se diriger vers le lac en cahotant.

Une fois arrivés au chapiteau, on nous sépara. J'entendis les artistes des autres numéros siffler alors que l'on me conduisait dans les coulisses :

— Booou !

— Monstre ! entendis-je les artistes des autres numéros siffler alors que l'on me conduisait dans les coulisses.

Je serrai les dents et pensai à Lexi : se demandait-elle où j'étais ? Me croyait-elle déjà mort ?

Malgré mon bandeau sur les yeux, je connaissais tous les recoins de ce chapiteau par cœur. Sur la gauche se trouvait la femme tatouée et à ma droite Caroline, la femme la plus laide du monde. Le plancher s'inclina vers le haut, signe que j'étais sur la scène.

Je sentis quelque chose me toucher le bras.

— J'ai raconté à tout le monde quel vieux renard vous faites, mais ne vous donnez pas trop de mal pour moi, monsieur Salvatore. J'ai misé sur votre frère, déclara Jasper avec allégresse.

On retira enfin le morceau de tissu qui me cachait la vue. Le chapiteau baignait dans une lumière vive ; ses gradins étaient pleins à craquer. Au centre du ring, Gallagher avait installé une table de paris. Les spectateurs, amassés tout autour, brandissaient leurs billets de manière frénétique. Les notes de musique d'un orgue emplissaient tout l'espace tandis que l'air était saturé d'une odeur de pommes d'amour et de punch au rhum.

Là, du coin de l'œil, je l'aperçus soudain.

Callie se frayait un chemin parmi le public, suivie de Buck, une boîte en fer-blanc à la main. Ses cheveux entremêlés de verveine encadraient son visage au teint pâle. De toute évidence, on l'avait chargée de récolter les mises dans l'assistance. C'était sans conteste la fille de son père ; elle remplissait ses tâches avec brio.

Pas une fois elle ne m'adressa un regard.

Je me forçai à détacher le mien d'elle pour le reporter vers Damon, de l'autre côté du ring. Mon frère avait toujours été doué pour ce qui est de se battre et ses récents combats n'avaient fait que le renforcer. Si sa volonté consistait à m'achever, rien ne pourrait l'en empêcher.

Surtout pas moi. Je lui devais bien cela.

Jasper sonna la cloche indiquant le début du combat et le silence se fit dans la foule. Gallagher se leva de son poste dans l'arène où avaient eu lieu les paris et s'exprima d'une voix tonitruante :

— Mesdames et messieurs, je vous souhaite la bienvenue à cette nouvelle soirée de divertissement sportif de qualité, gracieusement organisée par moi-même, Patrick Gallagher. Il y a quelques jours seulement, nous vous avons présenté le tout premier affrontement entre un vampire et un puma. Ce soir, nous sommes fiers de vous proposer un spectacle tout aussi inédit : la lutte entre deux vampires, l'un d'eux étant le vainqueur du précédent combat. Et ce n'est pas tout, ajouta-t-il en baissant d'un ton, ce qui attisa la curiosité des spectateurs, muets et penchés vers l'avant, il se trouve que les deux monstres en question sont frères. Ils ont été enfantés par la même mère et, aujourd'hui, l'un d'eux ira directement en Enfer.

Une pierre me frappa à l'arrière de la tête et j'effectuai une rotation sur moi. La verveine abondait et conférait aux visages de cette marée humaine un air de kaléidoscope affreux composé d'yeux, de nez et de bouches ouvertes.

— Frère, je te présente mes excuses pour tout ce que j'ai fait. Je t'en supplie. Si nous devons mourir, qu'au moins ce ne soit pas dans la haine. Je n'ai plus que toi et inversement, murmurai-je, mâchoires crispées, pour tenter de toucher Damon une ultime fois.

Il leva les yeux et secoua la tête, mais son expression demeura impassible. Au centre du ring, Gallagher continuait à capter l'attention du public.

— Les paris restent ouverts pendant encore cinq minutes. Cependant ! (Une main en l'air, il imposa le silence à l'assistance. Sous le chapiteau, le bruit s'atténua, mais légèrement seulement.) Ne partez pas aussitôt le combat terminé : nous vendrons le sang du perdant. Même le sang d'un vampire mort a des vertus thérapeutiques ; il guérit toutes les infections.

Gallagher cligna de l'œil avec ostentation. La foule siffla et poussa des acclamations. Je me crispai, me demandant si le public croyait à un numéro monté de toutes pièces : que nous étions des acteurs sur le déclin et que le sang mis en vente par Gallagher après le spectacle serait une sorte de cordial à la cerise. Y avait-il seulement quelqu'un dans l'assemblée au courant du fait que la moindre goutte de sang serait vraie, que le perdant, au centre du ring, ne se relèverait pas pour rentrer chez lui une fois le chapiteau déserté ?

Callie savait. Elle savait et avait décidé que tel serait mon sort. Je serrai à nouveau les dents, prêt au combat, préparé à offrir au public ce pour quoi il était venu. Tout à coup, Jasper me fit tourner autour du ring afin de donner aux spectateurs une dernière occasion d'évaluer ma force avant qu'ils lèvent leurs pieux. Des bribes de conversation me parvenaient de tous les coins de la tente :

— Celui-là fait trois centimètres de plus. Je vais changer sur qui je parie.

— Ça plairait à ta femme d'en avoir pour votre anniversaire de mariage ?

— Je me demande comment ils s'en sortiraient face à un vrai lion.

Un homme vêtu d'une robe de prêtre se tenait aux côtés de Gallagher, bras levés pour faire taire la foule. Je le reconnus : c'était le charmeur de serpents d'une des attractions du cirque.

— Que la lumière rejaillisse sur ce combat et qu'elle renvoie l'âme du perdant aux flammes purifiantes de l'Enfer ! s'exclama-t-il, ce qui provoqua un tollé général.

Un coup de sifflet retentit, signalant que le combat était lancé.

Damon se mit à tourner autour de moi, son centre de gravité bas, comme lorsque nous étions enfants et que nous jouions à la boxe. Je pris la même position.

— Du sang ! lança un homme ivre, pendu ou presque au garde-fou du ring.

— Du sang, du sang, du sang ! sembla ensuite scander toute l'assemblée tandis que mon frère et moi continuions à nous suivre dans une ronde.

— Arrêtons tout maintenant ! dis-je. Refusons ce combat. Que peuvent-ils contre nous dans ce cas ?

— Nous avons dépassé ce stade, petit frère, répondit Damon. Toi et moi ne pouvons coexister dans ce monde.

La colère rejaillit en moi. Pourquoi ne le pouvions-nous pas ? Et pourquoi Damon était-il incapable de me pardonner ? D'après moi, le souvenir de Katherine avait fini de le hanter. Et c'était moi qui l'avais remplacée. Je l'obsédais. Pas celui que j'étais en réalité, mais celui qu'il pensait que j'étais : un monstre qui tuait sans rien craindre ni mesurer les conséquences de ses actes. Comment osait-il aller jusqu'à ignorer tout le chemin que j'avais parcouru pour tenter de le rendre heureux, de le sauver ? Je fis volte-face et touchai Damon à la joue. Du sang gicla sous son œil. La foule hurla.

Mon frère se releva et, dans un demi-tour, me frappa à l'épaule. Je tombai par terre.

— Pourquoi as-tu fait ça ? siffla-t-il en découvrant ses crocs, ce qui ravit l'assistance.

— C'est ce que tu voulais, non ? sifflai-je à mon tour, mes propres crocs apparents.

Je le renversai, accomplissant la prise de la cravate.

Il se dégagea rapidement et retourna dans son coin. Chacun de notre côté du ring, les yeux dans les yeux, nous étions plongés dans la perplexité, rongés par la colère et par un sentiment de solitude.

— Battez-vous ! rugit à nouveau la foule.

Gallagher nous foudroya du regard, ne sachant pas quoi faire. D'un claquement de doigts, il commanda à Jasper et à Buck de s'élancer vers nous, pieux en main, pour nous contraindre à nous battre. Ils nous poussèrent jusqu'à ce que nos corps ne soient plus qu'à quelques centimètres l'un de l'autre, tandis que nous levions les deux poings, lorsqu'un énorme « crac » donnant l'impression que le ciel, au-dessus de nos têtes, se déchirait retentit et résonna violemment. Un vent froid s'engouffra dans le chapiteau et nous fouetta tout en formant un nuage de sciure et de déchets à nos pieds. Je détectai une odeur de fumée.

— Au feu ! cria une voix paniquée.

Je lançai des regards affolés autour de moi. Une partie du chapiteau s'était enflammée ; les spectateurs couraient dans tous les sens.

— Venez !

Je sentis des mains m'empoigner les épaules pour me pousser. Callie. J'écarquillai les yeux de surprise.

— Allez, allez ! s'écria-t-elle en me faisant avancer.

Elle avait une hache à la main. Peu à peu, je compris ce qui s'était passé. Elle avait dû sectionner les éléments qui soutenaient la structure et mettre le feu à la toile du chapiteau.

— Dépêchez-vous !

Une fois de plus, elle me poussa avec une force étonnante pour une humaine. Passé quelques secondes où je restai debout, sans bouger si ce n'est mes paupières battantes, je tirai Damon par le poignet et nous partîmes en courant, le cirque et le fleuve dans notre dos, toujours plus vite en direction de chez moi.

29.

Damon et moi courûmes dans les rues de La Nouvelle-Orléans à la vitesse éclair des vampires. Contrairement à la première fois où nous avions foulé le sol de cette ville, quand mon frère me suivait à contrecœur, nous courions à présent côte à côte, les murs d'adobe et de briques des maisons se fondant dans une tache floue sur notre passage.

Sur ce ring, quelque chose, entre nous, s'était produit : je le sentais au plus profond de moi. Lorsque mon frère m'avait regardé, refusant d'attaquer en dépit des huées de la foule, le reflet, dans son œil, s'était altéré. Je me demandais comment le combat se serait terminé si le chapiteau ne s'était pas enflammé. Nous en serions-nous pris aux humains, un par un, ou bien l'un des frères Salvatore aurait-il péri et été abandonné, en sang, sur le tapis de poussière au sol ?

L'image de l'église de Mystic Falls se consumant telle une torche géante resurgit brusquement dans mon esprit.

Les villageois avaient mis le feu à l'église et condamné les vampires qui s'y trouvaient enfermés, la nuit où mon père nous avait abattus...

Seulement, mon frère et moi étions toujours là, semblables à des phénix renaissant des cendres de nos prédécesseurs vampiriques. Peut-être que hors des flammes de ce cirque, dans notre ville d'adoption, une nouvelle relation de complicité naîtrait entre nous, à l'instar de la vie qui reprenait ses droits dans les prairies épuisées par les récoltes de l'année précédente.

Damon et moi poursuivîmes notre course, nos pieds battant les pavés en parfaite harmonie, le long des ruelles et des plus vastes artères que j'avais appris à connaître sur le bout des doigts depuis mon installation ici, quelques semaines plus tôt. Mais, alors que nous tournions au coin de Delphine Street, celle où Lexi m'avait emmené faire des emplettes, je m'arrêtai net. Placardée sur la vitrine du tailleur, une affiche nous représentait, mon frère et moi, en traits grossiers, tous crocs dehors, accroupis. « Le combat du siècle », promettait le papier. Je me demandai si les dessins étaient de Callie. J'aurais penché pour un oui.

Mon frère s'approcha pour examiner l'affiche.

— Tu as l'air un peu dodu et plus large d'épaules qu'en réalité, là-dessus, petit frère. Il serait peut-être temps d'arrêter le régime serveuse.

— Ah, ah, dis-je en riant jaune.

Je jetai des regards autour de nous. Derrière, en direction du cirque, des cris retentirent. Nous avions une bonne longueur d'avance, mais, si Callie avait distribué autant d'affiches comme celle-ci que pour le combat de Damon, cela signifiait que nous ne serions en sécurité qu'une fois à l'abri d'un toit.

La flèche de l'église – celle située dans le prolongement de chez Lexi – s'élevait au loin.

— Viens !

Je poussai mon frère en direction de l'édifice, et lui et moi n'échangeâmes plus un mot jusqu'à ce que nous soyons parvenus à la maison de guingois.

— C'est ici que tu vis ?

Damon fit la moue en embrassant du regard la véranda affaissée, blanchie à la chaux, puis les fenêtres sombres, au-dessus.

— Eh bien, je comprends que cela puisse ne pas être assez bien pour toi, mais, de temps en temps, nous sommes tous contraints de revoir nos critères à la baisse, commentai-je sur le ton du sarcasme pendant que je le menais vers la porte de derrière.

La porte s'ouvrit en grand, découpant un triangle de lumière dans l'herbe noire du jardin.

Lexi apparut dans l'encadrement et je haussai aussitôt les mains.

— Je sais que tu as dit « pas de visiteurs » mais...

— Entrez. Dépêchez-vous !

Elle referma la porte à la seconde où nous passions le seuil. Dans la pièce principale, Buxton, Hugo et Percy avaient pris place sur des chaises ou des canapés, donnant l'impression d'être en pleine réunion.

— Tu dois être Damon. (Lexi hocha légèrement la tête vers lui.) Bienvenue chez nous.

Je sentais le regard de mon frère peser sur elle et m'interrogeais sur la façon de l'interpréter.

— Oui, madame. (Damon sourit de toutes ses dents, décontracté.) Et j'ai bien peur que, pendant notre captivité, mon frère ait omis de mentionner votre nom et ceux de votre... (Il jeta un coup d'œil à Percy et à Buxton.) famille.

Percy se redressa lorsque Lexi posa une main sur lui pour l'arrêter.

— Je m'appelle Lexi. Et, étant donné que tu es le frère de Stefan, tu es ici chez toi.

— Nous avons réussi à nous échapper, racontai-je.

Lexi hocha la tête.

— Je sais. Buxton était sur place.

— Vraiment ? (Je pivotai sur moi-même, étonné.) Tu as parié sur moi ou contre moi ?

Damon poussa un petit grognement de mépris. Lexi me toucha l'avant-bras.

— Sois gentil. Il est allé là-bas pour t'aider.

J'écarquillai les yeux.

— Tu avais l'intention de me donner un coup de main ?

Buxton cala à nouveau son dos au fond de sa chaise.

— C'est ce que j'étais censé faire jusqu'à ce que quelqu'un ait la brillante idée de mettre le feu au chapiteau, alors je suis parti.

Il croisa les bras, l'air satisfait d'avoir pris part à l'action.

— C'était Callie. C'est elle qui a déclenché l'incendie.

Le regard de Lexi se voila de surprise.

— Je me suis trompée, dit-elle simplement. Parfois, ça m'arrive.

— Pardonnez ma grossièreté, mais vous n'auriez pas quelque chose à manger ? réclama Damon sans lever les yeux du portrait d'une vieille dame qu'il était en train d'étudier. Je sors de plusieurs semaines de vaches maigres.

Pour la première fois depuis notre évasion, j'observai mon frère avec attention. Il s'exprimait d'une voix rauque, comme s'il était resté longtemps sans parler. Des entailles couvertes de sang couvraient ses bras et ses jambes, ses vêtements n'étaient plus que des haillons. Ses cheveux noirs, crasseux, tombaient dans une masse terne contre son cou pâle. Ses yeux étaient injectés de sang, ses mains, tremblantes.

— Bien sûr. Vous devez être affamés, tous les deux, s'excusa aussitôt Lexi. Buxton, emmène-le à la boucherie et laisse-le boire tant qu'il veut. Je doute qu'il y ait assez d'humains à La Nouvelle-Orléans pour étancher sa soif. Mais ce soir, au moins, il mérite de festoyer tel un roi.

— Oui, chef, approuva Buxton d'une légère courbette alors qu'il se levait de sa chaise.

— Je l'accompagne, annonçai-je en me dirigeant vers la porte.

— Non. (Lexi fit non de la tête et me retint par le bras avec force.) Pour toi, j'ai du thé.

— Mais... protestai-je, perplexe et agacé.

Je pouvais presque sentir le sang de cochon sur ma langue.

— Il n'y a pas de mais, répliqua sèchement Lexi, qui me rappela alors étonnamment ma mère.

Buxton ouvrit la porte à Damon, qui leva un sourcil comme pour me signifier : « Pauvre garçon ! »

Lexi, si elle avait été témoin de la scène, fit semblant de n'avoir rien vu et s'affaira auprès de la bouilloire tandis que je m'écroulais sur l'une des chaises branlantes qui entouraient la table, la tête dans les mains.

— Lorsqu'on devient un vampire, il n'y a pas que les canines et le régime alimentaire qui changent, commença Lexi en ravivant le feu du poêle, le dos tourné.

— C'est-à-dire ? demandai-je sur la défensive.

— Cela signifie que ton frère et toi n'êtes plus les mêmes. Vous avez tous les deux changé et il se peut que tu ne connaisses plus Damon aussi bien que tu le penses, expliqua Lexi, deux tasses à thé fumantes dans les mains. Du sang de chèvre.

— Je n'aime pas le sang de chèvre. (Je repoussai la tasse, furieux. Je me rendais compte que je passais pour un sale gamin de mauvaise humeur, mais cela m'était égal.) Et personne ne connaît Damon mieux que moi.

— Oh, Stefan. (Elle m'adressa un regard plein de gentillesse.) Je sais, mais promets-moi d'être prudent. Les temps sont dangereux. Pour tout le monde.

Le mot « dangereux » provoqua un déclic dans mon esprit.

— Callie ! Je dois la retrouver !

— Non. (Lexi me força à me rasseoir sur ma chaise.) Son père ne lui fera pas de mal ; en revanche, il te tuera toi à la première occasion, et tu n'es pas en état de te défendre.

J'ouvris la bouche pour protester, mais Lexi me coupa dans mon élan.

— Callie ne risque rien. Tu la verras demain si tu veux. Pour l'heure, bois ce sang et va dormir. À ton réveil, tu seras complètement remis de tes blessures et, avec Damon et Callie, vous pourrez faire le point.

Lexi quitta la pièce, puis elle éteignit la lampe.

Sans crier gare, une intense fatigue m'envahit, aussi pesante qu'une chape de plomb, toute envie de riposter m'abandonna. Dans un soupir, je portai la tasse à mes lèvres et j'avalai une petite gorgée. Le liquide était chaud, velouté et, je dus me résoudre à l'admettre, bon.

Lexi avait raison. J'irais faire mes adieux à Callie le lendemain. Avant cela, j'avais besoin de repos. Tout mon corps me faisait mal. Y compris mon cœur.

« Estime-toi heureux d'en avoir encore un » : c'était certainement le commentaire que ferait Lexi. Je souris dans la pénombre à cette pensée.

30.

Le 19 octobre 1864

Je suis hors de danger, mais je ne me sens pas en sécurité. Je me demande si j'éprouverai à nouveau ce sentiment un jour. Ou bien suis-je condamné à être dévoré par un désir éternellement inassouvi ? M'habituerai-je à la douleur ? Dans vingt ans, deux cents ans, deux mille ans, me souviendrai-je même de ces semaines ? Aurai-je gardé en mémoire Callie, sa chevelure rousse, son rire ?

Oui. Il le faut. Callie m'a sauvé ; elle m'a donné une nouvelle chance. D'une certaine façon, c'est le rayon de soleil qui a détrôné le nuage qui planait sur mon existence depuis Katherine. Celle-ci m'a transformé en monstre ; Callie, elle, m'a permis de renouer avec le Stefan Salvatore que je suis fier d'être.

Je lui souhaite de trouver l'amour. Je ne veux rien d'autre que son bonheur, ce qu'il y a de meilleur pour elle. J'aimerais qu'elle vive dans la lumière et qu'elle trouve un homme – un humain – qui l'appréciera à sa juste valeur, qui l'adorera et l'emmènera loin de chez Gallagher, dans une maison tranquille au bord d'un lac où elle pourra apprendre à ses enfants à faire des ricochets.

Peut-être est-ce le souvenir qu'elle gardera de moi : non pas celui d'un monstre, mais celui de quelqu'un avec qui elle a partagé une chaude matinée d'été et qui lui a enseigné que tout l'art des ricochets tient dans un simple coup de poignet. J'aime à penser qu'un jour nous songerons à ce souvenir au même instant. Et peut-être bien qu'elle parlera à ses enfants et, pourquoi pas, à ses petits-enfants de l'homme qui lui a appris comment lancer des cailloux sur l'eau. C'est un espoir mince, mais c'est mieux que rien. Car, tant que Callie me gardera en mémoire, nous resterons elle et moi en contact. Et peut-être qu'avec le temps le fait d'être liés par ce fil ténu, dans nos souvenirs, suffira.

Je fus réveillé au milieu de la nuit par un bruit qui rappelait celui de grêlons contre une vitre. En dépit du règlement de Lexi, je jetai un œil par la fente étroite des rideaux et plissai les yeux dans l'obscurité. Les arbres étaient morts, leurs branches nues semblables aux membres de fantômes s'étirant vers le ciel. Bien qu'il n'y ait pas eu de lune, j'aperçus un raton laveur qui traversait le jardin en gambadant. Et puis la silhouette d'une personne se tenant debout, timide, derrière l'une des colonnes du portique.

Callie.

À la hâte, j'enfilai une chemise et me glissai au bas des marches sans faire de bruit. La dernière chose dont j'avais besoin était que Buxton ou Lexi apprenne qu'un humain m'avait suivi jusqu'ici.

La porte se referma dans un bruit sourd derrière moi. Callie sursauta.

— Je suis là, chuchotai-je, dévoré par un sentiment confus mêlé de désarroi et d'excitation.

— Bonjour, me salua-t-elle du bout des lèvres.

Elle était vêtue d'une robe bleue et portait un vison autour du cou. Elle avait enfoncé sur sa tête un chapeau où étaient ramassées la plupart de ses boucles. Par-dessus son épaule, elle avait jeté un grand sac de voyage. Elle hocha la tête en frissonnant. J'aurais tout donné pour pouvoir l'emmener en haut, dans ma chambre ; sous les couvertures, nous aurions pu nous réchauffer l'un l'autre.

— Vous allez quelque part ?

J'indiquai son sac.

— C'est ce que j'espère. (Elle serra ma main dans la sienne.) Stefan, cela m'est égal ce que vous êtes. Je ne m'en suis jamais préoccupée. Ce que je veux, c'est être avec vous. (Elle plongea ses yeux dans les miens.) Je... je vous aime.

Je fixai le sol, une boule dans la gorge. À l'époque où j'étais humain, j'avais cru être amoureux de Katherine jusqu'au jour où je l'avais vue enchaînée, muselée, de l'écume aux lèvres. À cette vision, je n'avais éprouvé que du dégoût. Pourtant, Callie, elle, m'avait vu inconscient, couvert de blessures qui saignaient à cause de la verveine, attaché à un piquet par mes ravisseurs et martelant mon propre frère de coups de poing sur un ring. Malgré tout cela, elle continuait à m'aimer. Comment était-ce possible ?

— Inutile de répondre, s'empressa-t-elle d'ajouter. J'avais simplement besoin de vous le dire, mais je pars quoi qu'il en soit. Je ne peux pas rester ici avec Père. Pas après tout ce qui s'est passé. Je vais prendre le train. Vous pouvez venir avec moi. Enfin, ce n'est pas une obligation. Même si j'aimerais beaucoup, bafouilla-t-elle pour terminer.

— Callie !

Je l'interrompis en posant un doigt sur ses lèvres. Elle ouvrit grands les yeux, entre espoir et crainte.

— Je vous suivrai partout. Je vous aime aussi et je vous aimerai jusqu'à la fin de mes jours.

Son visage se détendit tout à coup et se para de gaieté.

— Vous voulez dire la fin de vos nuits, corrigea-t-elle, les pupilles rieuses.

— Comment saviez-vous où j'habitais ? l'interrogeai-je, sous le coup d'un accès de timidité.

Callie rougit.

— Je vous ai suivi. Le soir du premier combat de vampire, quand vous vous êtes enfui. Je voulais tout savoir de vous.

— Eh bien, à présent, c'est le cas.

Incapable de résister à la tentation, je l'attirai vers moi et déposai un baiser sur ses lèvres. J'avais cessé de redouter d'entendre le sang couler dans ses veines ou encore son cœur accélérer sous l'effet de l'émotion. Elle resserra son étreinte et nos bouches se touchèrent. Je l'embrassai avec ferveur, sentant la caresse de ses lèvres contre les miennes. Mes canines ne s'allongèrent pas ; j'étais tout à elle telle qu'elle était, respectueux de son humanité.

Elle était douce, sa peau chaude avait un goût de mandarine. Dans cet instant, je me représentai notre avenir. Nous prendrions le train pour nous éloigner aussi loin que possible de La Nouvelle-Orléans. Jusqu'en Californie, pourquoi pas ? À moins que nous n'embarquions à bord d'un bateau en partance pour l'Europe. Nous nous installerions dans une petite maison, à la campagne, où nous élèverions quelques bêtes qui me permettraient de me nourrir. Callie et moi passerions nos journées ensemble, loin des regards indiscrets de la société.

Une pensée, toutefois, ne cessait de revenir me hanter : en ferais-je un vampire ? Je détestais y penser, imaginer planter mes crocs dans la chair de son cou à la peau blanche, la contraindre à vivre une vie rythmée par un désir insatiable de boire du sang et par le besoin de fuir les rayons du soleil, mais je ne supportais pas non plus l'image d'elle en train de vieillir puis mourir sous mes yeux. Je secouai la tête pour tenter de dissiper ces pensées. Je m'en préoccuperais plus tard. Nous ferions cela ensemble.

— Stefan, murmura-t-elle.

Mais, rapidement, le murmure se changea en hoquet de surprise tandis qu'elle glissait entre mes bras. Un couteau de boucher planté dans le dos, elle se vidait de son sang, qui formait une mare grandissant à vue d'œil.

— Callie ! hurlai-je, à genoux. Callie !

Affolé, je m'ouvris une veine du poignet et m'efforçai de donner mon sang à boire à Callie pour la soigner. Mais, avant que je puisse presser mon bras contre sa bouche haletante, une main invisible me tira par le collet.

Un gloussement ténu et familier fendit l'air de la nuit :

— Pas si vite, petit frère !

31.

Je fis volte-face, prêt à frapper, main levée et crocs sortis. Cependant, Damon ne me laissa pas le temps de réagir : il m'agrippa par les épaules pour me jeter dans la rue. Mon corps heurta le sol, dur, tandis que mon bras se tordit dans un angle anormal. Je me hâtai de me relever. Callie était couchée dans l'herbe, ses boucles rousses étalées sur ses épaules ; elle baignait dans une mare de sang qui noircissait à vue d'œil. Elle poussa une plainte discrète, mais je devinais son agonie.

Je m'élançai pour la rejoindre, aspirant le sang au niveau de ma blessure pour qu'elle puisse le boire plus facilement. Damon, néanmoins, m'intercepta et, d'un coup d'épaule dans la poitrine, me renversa.

Je luttai pour me remettre debout.

— Ça suffit, maintenant ! vociférai-je, prêt à bondir.

Je me ruai sur lui pour le réduire en miettes, pour lui régler son compte une bonne fois pour toutes – ce qu'il avait toujours voulu.

— Ça suffit ? Mais on n'a pas encore dîné ! lança mon frère, un sourire se dessinant peu à peu sur ses lèvres.

Horrifié, je regardai Damon s'agenouiller et montrer ses dents pour les planter dans le cou de Callie et boire à longs traits. J'essayai de le repousser, mais il était bien trop fort. De combien de personnes avait-il bu le sang depuis notre évasion ?

Je persistai à tirer sur lui pour tenter de dégager Callie. Pour autant, Damon ne bougea pas d'un pouce, pareil à une statue de marbre.

— Au secours ! Lexi ! hurlai-je.

Damon, d'un violent coup de coude, m'éjecta vers l'arrière.

J'atterris lourdement dans l'herbe. Pendant ce temps, mon frère continuait à boire. Je me rendis soudain compte de l'atroce réalité : les gémissements de Callie avaient cessé. De même que le flux régulier du sang dans ses veines, auquel j'avais fini par m'habituer en sa présence. Je tombai, genoux à terre.

Mon frère se tourna vers moi, le visage maculé de sang. Le sang de Callie. Je blêmis à cette vue. Damon se mit à glousser :

— C'est toi qui avais raison, petit frère. Les vampires sont nés pour tuer. Merci de m'avoir donné cette leçon.

— Je te tuerai ! promis-je en me précipitant une nouvelle fois vers lui.

Je le plaquai au sol, mais il profita du fait que j'étais blessé au bras pour me faire tomber et m'immobiliser, dos contre terre, à côté de Callie.

— Je ne pense pas que je vais mourir ce soir, merci. C'est fini, tu ne prendras plus toutes les décisions en matière de vie et de mort, siffla-t-il.

Il se leva, en apparence prêt à s'en aller. Je rampai jusqu'à Callie, les yeux écarquillés et vitreux, le visage livide. Sa poitrine continuait à se soulever, mais très légèrement.

« S'il vous plaît, ne mourez pas », pensai-je, les yeux rivés aux siens, immobiles, dans une vaine tentative d'exercer un contrôle sur elle.

Ses paupières battirent tout à coup. Se pouvait-il que mon plan ait fonctionné ?

« Je veux que vous viviez. Je veux pouvoir vous aimer tant que vous êtes en vie », priai-je dans ma tête, pressant mes blessures pour en faire couler le sang au-dessus de sa bouche.

Puis, alors que le sang gouttait sur son visage, je sentis une douleur terrible irradier à la hauteur de l'estomac. Je m'effondrai sur l'herbe tandis que Damon me rouait de coups de pied dans le ventre, un reflet démoniaque dans les pupilles.

Rassemblant le peu de forces qui me restait, je m'élançai hors de portée de Damon. Sous mes pieds, je sentais la terre baignée de rosée.

— Au secours ! criai-je à nouveau en direction de la maison.

— Au secours ! se moqua Damon d'une voix chantante. Alors, on a fini de jouer les gros bras, petit frère ? Où est passé le discours sur notre conquête du monde ? Tu as été trop occupé à prendre le thé avec tes nouveaux amis et à tomber amoureux d'humains ?

Il afficha une mine dégoûtée.

En moi, quelque chose se brisa. Sans savoir comment, je me hissai à nouveau sur mes jambes et bondis sur Damon, toutes dents dehors. Je le fis basculer au sol et mes crocs creusèrent une longue entaille irrégulière le long de sa jugulaire. Couché par terre, sa plaie, dans le cou, saignant abondamment, il ferma les paupières.

L'espace d'un instant, il retrouva l'apparence de mon frère. Plus d'iris cernés de sang, plus de trace de haine dans la voix. Rien que la forte carrure et les cheveux noirs qui avaient toujours symbolisé Damon. Pourtant ce dernier avait disparu, faisant place à un monstre déterminé à tout détruire sur son passage et qui ne reculait devant rien pour que sa menace de faire de ma vie un enfer devienne réalité.

J'examinai les alentours et repérai finalement une branche d'arbre, à deux ou trois mètres de distance, qui avait dû tomber suite à un orage. Je rampai jusque-là et levai ensuite la branche bien au-dessus de sa poitrine.

— Va au diable ! lui souhaitai-je dans un murmure, pesant chacun de mes mots.

Mais, alors que ceux-ci passaient la frontière de mes lèvres, Damon se redressa brusquement, les yeux injectés de sang et les crocs sortis.

— En voilà des façons de parler à sa famille. (Il me fit tomber à terre.) Et de tenir un pieu !

Il s'empara de la branche pour la pointer sur mon torse.

— Voici la mort que tu m'as refusée. Lente et douloureuse. Je vais en savourer chaque seconde, jusqu'à la dernière, décréta Damon en gloussant juste avant d'abattre de toutes ses forces le pieu sur ma poitrine.

Après cela, tout se fondit dans le noir.

32.

— Stefan, appela dans un murmure une voix désincarnée.

Je me trouvais dans le labyrinthe chez nous, à Mystic Falls. Les haies vertes et luxuriantes dépassaient ma tête tandis que le soleil tapait sur mes épaules. Mon col me grattait, me serrait. J'ignore pourquoi j'étais en tenue du dimanche.

Dans un des coudes du dédale apparut subitement Damon. Il avançait dans ma direction, ses yeux bleus grands ouverts, pleins d'innocence.

— On fait la course, petit frère ? me défia-t-il.

Naturellement, j'acceptai.

Nous courûmes jusqu'à perdre haleine, les poumons en feu, tant à cause du manque d'oxygène que de nos éclats de rire. Damon me souriait, l'air heureux, jusqu'à ce qu'un nuage se déplace et nous plonge dans l'obscurité. Ses traits se muèrent soudain en une vision d'effroi : ses pupilles s'assombrirent, ses lèvres prirent la teinte du sang. L'instant d'après, il avait fondu sur moi pour me plaquer au sol, mais dans une attitude qui n'avait rien à voir avec le jeu. Il fourra la main dans sa poche comme s'il cherchait quelque chose, puis me frappa à la poitrine. Je restai étendu sur l'herbe douce et rendis mon dernier souffle.

L'image d'après, nous étions assis sur la balancelle du porche, Katherine bien calée entre nous, avec son regard espiègle, alors qu'elle effeuillait une pâquerette. Sa jambe était si proche qu'elle frôlait la mienne. Alors que son regard passait de mon frère à moi, je compris enfin à quel jeu elle jouait : la fleur était censée déterminer lequel d'entre nous elle choisirait. Lorsqu'elle parvint au dernier pétale, elle me fixa soudain – j'avais gagné. Elle se pencha pour m'embrasser ; je fermai les yeux, anticipant la douceur de ses lèvres au contact des miennes.

Mais c'est au contraire un pieu que je sentis s'enfoncer dans mon cœur. Je sortis de ma rêverie, clignai des yeux et découvris mon frère debout, riant et appuyant sur le pieu dans ma chair. Sous mon dos, par terre, gisaient les pétales de fleur écrasés.

Ma tête roula sur le côté et mon attention fut captée par le spectacle de la fille qui se vidait de son sang près de moi, dans l'herbe. Sa chevelure flamboyante était rousse, sa peau, pâle comme un clair de lune, sous une constellation de taches de rousseur.

— Callie ! tentai-je de crier, mais Damon me fit taire d'un coup de poing juste avant d'asséner plusieurs coups de couteau à Callie, dans le dos.

— Stefan ! retentit à nouveau une voix, plus fort cette fois.

Je reconnus la voix d'alto mélodieuse de Lexi.

— Nooon ! gémis-je. (Je ne laisserais pas Damon la tuer, elle aussi.) Va-t'en.

— Stefan...

Elle s'approcha malgré tout et s'agenouilla à mes côtés pour porter un verre à ma bouche.

— Non, insistai-je.

Elle me secoua vivement par les épaules et j'écarquillai les yeux. Tout autour, les murs étaient couverts d'une peinture qui s'écaillait. Face à moi pendait un portrait au cadre doré. Je me redressai en position assise, touchai mon visage, puis baissai les yeux : ma bague était toujours à sa place. Je caressai la pierre du doigt ; elle avait l'air bien réel.

— Lexi ? demandai-je d'une voix pâteuse.

— Oui ! (Elle sourit, visiblement soulagée.) Tu es réveillé.

J'examinai le reste de mon corps. Mon bras continuait à me faire souffrir ; du sang avait séché sous mes ongles.

— Je suis en vie ?

Elle confirma d'un mouvement de tête.

— Tout juste.

— Damon ?

— Il nous a échappé, expliqua-t-elle avec une mine sombre.

— Callie ?

Je n'avais pas envie d'entendre la réponse à la question. D'un autre côté, il fallait que je sache.

Lexi étudia les ongles de ses mains pendant un long moment avant de lever ses yeux d'ambre sur moi.

— Je suis désolée, Stefan. Nous avons essayé... Même Buxton a tenté de la sauver...

— Mais elle avait passé le point de non-retour, finis-je pour elle. (Ma tête me lançait.) Où est-elle à présent ?

Lexi dégagea de ma tempe les mèches emmêlées. La fraîcheur de ses doigts contrastait avec la température brûlante de ma peau.

— Dans le fleuve. Toute la ville est à sa recherche...

Lexi ne poursuivit pas. C'était inutile. J'avais deviné.

Les membres de la troupe savaient que nous étions amis, Callie et moi. Autrement dit, si on me cherchait, cela signifiait aussi que je représentais un danger pour Lexi et ses compagnons.

Bien que mes jours ici n'aient pas été comptés, je ne pourrais pas rester. La Nouvelle-Orléans étaient trop pleine de souvenirs, dont certains atrocement douloureux que je n'avais même pas encore commencé à appréhender.

Je laissai ma tête retomber sur mes oreillers.

— Avant de te rendormir, tu dois boire, susurra Lexi en m'aidant à me relever. C'est ta boisson préférée : du sang de chèvre.

Elle sourit avec tristesse.

Je pris une gorgée du gobelet. Le liquide saumâtre n'avait rien du goût sucré ou corsé du sang humain, mais au moins il était chaud. De plus, il renfermait quelque chose que n'aurait jamais le sang des hommes : une vague étincelle de rédemption. Plus j'en buvais, moins le sang humain transiterait par mes veines.

Je n'étais pas naïf pour autant. La culpabilité continuerait à m'habiter. J'avais d'ores et déjà fait trop de victimes au cours de ma brève existence en tant que vampire ; j'avais brisé trop de vies. Et, que j'aie bu le sang de Callie ou non, j'étais responsable de sa mort aussi. J'aurais dû lui tourner le dos, lui dire que je ne voulais plus jamais la revoir. Seulement, j'avais agi avec faiblesse.

— Bien. Très bien, me félicita tout bas Lexi une fois ma dernière gorgée bue.

Je ne me sentais pas mieux. Au contraire, j'étais nauséeux ; la peur au ventre, j'ignorais quoi faire. Damon était toujours en liberté, quelque part dans ce monde. Dans ses veines coulait le sang de Callie. Mon estomac se retourna à cette pensée.

— Je me demande ce que je dois faire, admis-je en sondant les yeux de Lexi afin qu'ils m'aident à trouver une réponse.

Je n'en trouvai aucune.

Lexi finit par rompre le silence :

— Je ne sais pas quoi te dire. Ce que je sais, en revanche, c'est que tu es quelqu'un de bien.

Je soupirai, prêt à souligner le fait que j'étais au contraire un monstre. Mais Lexi se leva et ramassa les tasses sur la table de chevet.

— Fini le bavardage. Il faut te reposer. (Elle appliqua ses lèvres contre mon front.) Et essaie, mon cher Stefan, de ne pas rêver.

33.

À mon réveil, je vis aux filets de lumière qui filtraient par les fentes des rideaux qu'il faisait jour. Je posai mes pieds sur le parquet et saisis la pile de beaux habits que Lexi et moi avions choisis ensemble. Cette journée semblait déjà si lointaine.

J'enfilai la chemise, me lissai les cheveux en arrière et plaçai le reste des vêtements dans un étui de fortune formé par la chemise en loques que je portais à Mystic Falls – la seule chose du passé que je possédais encore.

Je balayai la pièce du regard et reconnus les couches de poussière familières dans les coins. Je m'interrogeai sur le nombre de vampires qui avaient pu passer par cette maison et sur la possibilité que Lexi prenne un autre jeune vampire sous son aile. J'espérais pour lui, comme pour elle, que son séjour dans cette ville de dépravation serait meilleur que le mien.

Je trouvai Lexi assise dans le boudoir avec, entre ses mains, le portrait de son frère. Dès mon arrivée, elle leva les yeux.

— Stefan.

— Je suis désolé.

Et c'était vrai. Je regrettais. Tant de choses : d'être venu à La Nouvelle-Orléans, pour commencer, d'avoir semé le trouble dans sa vie, d'avoir exposé la fragile forteresse derrière le rempart que les vampires avaient réussi à ériger.

— Je ne suis pas désolée. C'était un honneur de t'avoir avec nous. (Elle afficha soudain un air grave.) Je suis en revanche désolée au sujet de Callie... et de ton frère...

— Ce n'est plus mon frère, m'empressai-je de rectifier.

Lexi posa le portrait sur la table basse.

— Peut-être plus maintenant. Mais, comme tu l'as dit toi-même, il l'a été tout le temps que tu étais humain. Pourrais-tu t'accrocher à ce souvenir et oublier le reste ?

Je répondis d'un haussement d'épaules. Je ne voulais pas penser à Damon. Ni maintenant ni jamais.

Lexi traversa la pièce et posa sa main sur mon bras.

— Stefan, je comprends que les gens que tu as connus et que ta vie en tant qu'être humain te manquent et que cela fasse mal, mais je t'assure que cela va s'arranger.

— Quand ? me risquai-je et ma voix se brisa légèrement.

Elle jeta un œil au tableau sur la table.

— Difficile à dire avec précision. Ça se fait petit à petit. (Elle s'interrompit, se mit à rire – un rire si innocent et enjoué que j'aurais voulu rester ici, assis, pour toujours.) Laisse-moi deviner. Tu voudrais que ça se produise tout de suite.

Je souris.

— Tu me connais bien.

Lexi fronça les sourcils.

— Tu dois apprendre à être patient, Stefan. Tu as l'éternité devant toi.

Un silence s'installa, le mot « éternité » résonnant dans ma tête.

J'attirai brusquement Lexi contre moi pour la serrer, m'enivrant du parfum rassurant de notre amitié une dernière fois avant de m'élancer hors de la maison sans un regard en arrière.

Une fois dehors, je me réprimandai moi-même pour mon excès de sentimentalisme. J'avais tant de fautes à expier ; m'apitoyer sur mon sort était synonyme de complaisance dans le malheur. Dans la rue, je m'arrêtai à l'endroit exact où Callie avait perdu la vie. Pas de tache de sang ; aucun indice marquant le simple fait qu'elle ait existé. Je m'agenouillai, jetai un œil par-dessus mon épaule et embrassai le trottoir.

Ensuite, je me levai et commençai à courir, de plus en plus vite. C'était le point du jour et la ville s'éveillait doucement. Des coursiers passaient à vive allure sur leur vélo de livraison et des soldats de l'Union défilaient dans les avenues, leurs fusils nichés au creux de leur bras tels des nouveau-nés. Des marchands prenaient déjà place sur le trottoir ; l'air sentait le sucre et le tabac.

Sans oublier, évidemment, l'odeur de sang, ferreuse et entêtante.

Je parvins vite à la gare, où l'agitation régnait sur le quai. Des hommes en queue-de-pie, assis sur des bancs en bois usés dans la salle d'attente, lisaient le journal tandis que les femmes s'agrippaient nerveusement à leur sac à main. Le bâtiment tout entier baignait dans une ambiance de fête passagère. C'était le terrain de chasse idéal.

Sans que je puisse rien y faire, mes canines percèrent plus avant mes gencives.

Le visage enfoui dans mes mains, je comptai jusqu'à dix, luttant contre la faim qui s'emparait de moi dans l'attente que mes dents reprennent leur forme humaine.

Pour finir, je suivis un groupe de personnes qui se dirigeaient vers le quai et examinai l'extrémité de ce dernier. Près de moi, un couple s'enlaçait ; le soldat passa sa main dans les cheveux blond vénitien de la femme pendant qu'elle, sur la pointe des pieds, se pendait à ses épaules comme si elle ne pouvait se résoudre à le laisser partir.

Je les observai pendant un certain temps. Une question m'obsédait : dans une autre vie, Callie et moi aurions-nous pu jouer la même scène ? M'aurait-elle embrassé à l'aube de mon départ à la guerre et attendu, fébrile, sur ce même quai le jour de mon retour ?

Le coup de sifflet retentit, annonçant l'arrivée quasi simultanée de la locomotive, vrombissante. Elle souleva un nuage de poussière et m'arracha à ma rêverie éveillée.

J'imitai le soldat qui montait sur la plate-forme du train. Je me demandai si son amie et lui connaîtraient une histoire heureuse. Je trouvai un certain réconfort à l'idée que, dans le cas contraire, je n'y serais pour rien.

Je pénétrai dans un wagon.

— Votre billet, monsieur ? me pria le contrôleur, la main tendue vers moi.

Je soutins son regard, répugné à la perspective de devoir me servir de mon pouvoir.

Laissez-moi passer.

— Je vous l'ai montré, mentis-je tout haut. Vous avez dû oublier.

L'homme approuva d'un hochement de tête et se décala pour me laisser passer. La locomotive sortit de la gare par à-coups, m'emportant vers ma prochaine vie. Une vie où je n'aurais pas à influencer les gens à moins d'y être vraiment obligé et où jamais plus je ne goûterais de sang humain.

EPILOGUE

En arrêtant de boire du sang humain, je devins encore meilleur pour identifier les battements de cœur : je savais en un instant, rien qu'au rythme de son pouls, si un homme était triste, énervé ou amoureux. Je ne côtoyais pourtant que peu les hommes. Après mon départ de La Nouvelle-Orléans, je me changeai littéralement en créature de la nuit, dormant le jour et m'aventurant au dehors après le coucher du soleil, quand les humains, en sécurité dans leur lit, dormaient à poings fermés. De temps à autre, néanmoins, voleur, malgré moi, de ces quelques instants d'intimité, je surprenais un battement de cœur qui m'indiquait que quelqu'un était en train de sortir en douce par une fenêtre ou de se glisser par une porte de derrière pour aller retrouver un amant.

C'était le son le plus dur à entendre. Chaque fois il me rappelait Callie, son cœur palpitant et son sourire généreux. Son amour de la vie, son abandon total au moment de m'aimer, sans peur, en dépit de ma véritable nature. Aujourd'hui, quand je repense à notre projet de nous échapper, je ne peux me retenir de rire amèrement de moi-même pour l'avoir ne serait-ce qu'envisagé. J'avais commis la même grossière erreur à l'époque où j'étais tombé amoureux de Katherine et où j'avais imaginé que les vampires et les humains pouvaient s'aimer malgré leurs différences, des détails mineurs facilement réglés. Seulement, je ne tomberais pas dans ce piège une troisième fois. Chaque fois que les vampires et les hommes osaient s'aimer, la mort et la destruction étaient assurées de survenir. En outre, j'avais suffisamment de sang sur les mains pour l'éternité.

Je ne connaîtrais jamais l'ampleur des dommages que Damon causait dans le monde. Parfois, je tombais sur un article de journal ou j'entendais des bribes de conversation au sujet d'un mystérieux décès et je pensais instantanément à mon frère. Je tendais également l'oreille, à l'affût du « petit frère » qu'il prononcerait avec sa voix traînante, forcée.

La majeure partie du temps, en revanche, c'est moi que j'écoutais. Plus ma période de subsistance à partir de sang animal s'allongeait – quand je me nourrissais d'écureuils ou de renards, tués dans la forêt –, plus mes pouvoirs s'amenuisaient, se réduisaient à des vibrations étouffées au plus profond de mon être. Privé de mes pouvoirs, je perdais la sensation grisante d'être en vie, mais la culpabilité que je porterais jusqu'à la fin de mes jours s'était émoussée elle aussi. C'était un compromis, un de plus parmi la quantité extrême que j'avais non seulement appris à faire, mais que je devrais également continuer à entretenir pendant l'éternité qui s'étendait devant moi.

Je me fis donc la promesse de ne jamais m'arrêter, de ne jamais rester trop longtemps au même endroit, de ne m'attacher à un autre être humain. C'était ma seule garantie de ne pas faire souffrir autrui. Dieu me préserve de retomber amoureux d'une femme...

CE ROMAN VOUS A PLU ?

DONNEZ VOTRE AVIS ET
RETROUVEZ L'AGENDA BLACK MOON
SUR LE SITE

www.Lecture-Academy.com

Composition Nord Compo

Impression réalisée par
CPI BRODARD ET TAUPIN
La Flèche
en avril 2011

« Pour l'éditeur, le principe est d'utiliser des papiers composés de fibres naturelles, renouvelables, recyclables et fabriquées à partir de bois issus de forêts qui adoptent un système d'aménagement durable. En outre, l'éditeur attend de ses fournisseurs de papier qu'ils s'inscrivent dans une démarche de certification environnementale reconnue. »

Imprimé en France
N° d'impression : 63644
20.19.2277.0/01 – ISBN 978-2-01-202277-5
Dépôt légal : mai 2011

Loi n° 49-956 du 16 juillet 1949 sur les publications destinées à la jeunesse.